Agências de
VIAGENS
e Transportes

Agências de VIAGENS e Transportes

Francisco de la Torre

ROCA

Traduzido do Original: Agencias de Viajes y Transportación

ISBN: 968-24-3901-9

ISBN: 85-7241-423-1

Tradução: Dolores Martin Rodriguez Corner

CIP-BRASIL CATALOGAÇÃO-NA-FONTE
SINDICATO NACIONAL DOS EDITORES DE LIVROS, RJ

D32a

De La Torre, Francisco
Agência de viagens e transporte
/ Francisco de la Torre ; [tradução da 4. ed. original de Dolores
Martin Rodriguez Corner]. – São Paulo : Roca, 2003

Tradução de : Agencias de viajes y transportación
Apêndice e sugestões ao professor
ISBN 85-7141-423-1

1. Agentes de viagem. 2. Turismo.
I. Título.

CDD 380.14591
02-1944. CDU 338.48

2003

EDITORA ROCA LTDA.
Rua Dr. Cesário Mota Jr., 73
CEP 01221-020 – São Paulo – SP
Tel.: (11) 3331-4478 – Fax: (11) 3331-8653
E-mail: edroca@uol.com.br – www.editoraroca.com.br

Impresso no Brasil
Printed in Brazil

PREFÁCIO

Agências de Viagens e Transportes é um texto elaborado com a finalidade de proporcionar ao estudante de turismo amplo panorama sobre este tema; também é o produto das experiências do próprio autor no meio turístico, embora alguns dados tenham sido obtidos por intermédio de fontes aludidas no texto.

A obra consta de 17 capítulos; o primeiro, relativo ao turismo, apresenta-se de forma sucinta e geral, uma vez que foi incluído para efeito de introdução ao tema de agências de viagens e transportes.

Basicamente são quatro os temas desenvolvidos neste texto: agências de viagens, transporte aéreo, terrestre e aquático, e nos respectivos capítulos se faz a classificação dessas empresas, bem como do funcionamento de seus diversos departamentos.

Foi dada maior ênfase ao transporte aéreo, por constituir-se no tema de maior interesse, com base nas necessidades dos alunos. Por esse motivo está dividido em duas partes (embora as duas se relacionem entre si); ou seja, em serviços de terra, apresentados dos capítulos 3 ao 12 inclusive, e serviços de vôos, descritos nos capítulos 12, 14 e 15.

Cada capítulo consta basicamente do desenvolvimento de um tema e de ampla gama de exercícios, que reforçam a aprendizagem; exercícios para completar com respostas curtas, de correlação de colunas e de múltipla escolha. No entanto, alguns capítulos apresentam algumas variações em seus exercícios, que consistem em instruções para desenvolver trabalhos de pesquisa individual e em grupo. Além disso, geralmente aparecem dois diálogos em cada capítulo relacionados a incidentes cotidianos do ambiente turístico, que poderão ser dramatizados se o professor considerar necessário.

Cabe destacar que a dramatização em classe permite ao aluno reforçar seus conhecimentos de maneira agradável e o ajuda a desenvolver-se melhor. No final do livro encontram-se as respostas para que o aluno possa conferir seus exercícios.

Para finalizar aparece um apêndice de sugestões dirigidas ao professor no planejamento de suas aulas.

FRANCISCO DE LA TORRE

ÍNDICE

Capítulo 1

TURISMO

Definição. Antes de apresentar algumas definições mais relevantes desta palavra, inicialmente convém conhecer sua raiz etimológica e analisar a interpretação que os estudiosos da matéria fizeram sobre ela durante os anos.

Segundo Arthur Haulot, o vocábulo em questão tem origem muito remota. A palavra *tur,* utilizada hoje em dia pelo hebreu moderno, foi empregada antigamente como sinônimo de "viagem de vanguarda", "reconhecimento" ou "exploração". A Bíblia destaca que Moisés enviou à terra de Canaã um grupo de representantes para "visitá-la", com o objetivo de obter informações sobre as características gerais do lugar.

É possível que durante a dominação romana, esta palavra tenha sido incorporada ao latim vulgar, língua dos antigos romanos, agora latinizada vem a ser *tornare* ("girar"), com a conotação de "viagem circular".

Os romanos estenderam seu império por todas as terras que rodeiam o mar Mediterrâneo, incluindo o território que hoje corresponde à França, e após conquistá-la tendo sido adotado o latim como língua oficial, o vocábulo referido evoluiu em decorrência das barreiras geográficas, para *tour*, que significa viagem ou excursão. Posteriormente, os normandos invadiram a Inglaterra, na qual o idioma francês chegou a ser, durante muito tempo, a língua oficial do país.

Ainda quando mais tarde os ingleses se libertaram dos normandos e se voltou a implantar o idioma inglês como língua oficial, o termo em questão já havia sido adotado, tendo surgido pela primeira vez e registrado em 1760, como verbo transitivo "to make a tour", originário do galicismo *tour*.

Os sufixos -ismo e -ist que completam os vocábulos turismo e turista, respectivamente, equivalem à ação que recai sobre uma ou mais pessoas.

Isto explica o porquê, no século XVII, os percursos por Paris eram chamados de "o grande e o pequeno percurso" e na Inglaterra, no século XVIII, se utilizava a frase de origem francesa "faire le grand tour" para referir-se à viagem feita pelos ingleses como complemento de sua educação, pelos países europeus. Esses viajantes eram chamados de turistas.

É preciso destacar que há muita disparidade entre os muitos autores que definiram o turismo, até por suas implicações econômicas, sociológicas e psicológicas. No entanto, apresentamos algumas das definições mais relevantes.

No sentido moderno, turismo é a organização dos meios que visam facilitar as viagens de lazer, conforme a definição de Hunziker e Krapt (1942): "turismo é o conjunto das relações e dos fenômenos produzidos pelo deslocamento e permanência de pessoas fora de seu lugar de domicílio, desde que este deslocamento e permanência não tenham como motivo atividade lucrativa".

Nesse mesmo ano, o italiano Troisi definiu o turismo como "conjunto de locomoções temporárias de pessoas, originadas por necessidade de repouso, de cura, espiritual ou intelectual".

O professor De Arrillaga, em 1955, definiu o turismo como: "toda locomoção temporária, determinada por motivos que não envolvam remuneração; o conjunto de bens, serviços e organização que em cada país determina e viabiliza essas locomoções, bem como as relações e ações que ocorrem entre ele e os viajantes".

Para o Instituto Mexicano de Pesquisas Turísticas, que adotou a resolução da Conferência de Roma sobre viagens internacionais: "turismo é um conjunto bem definido de relações, serviços e instalações que atua cooperativamente para realizar as funções que promovem, favorecem e mantêm a afluência e estadia temporária dos viajantes".

Óscar de la Torre Padilla propõe uma definição que considera poder adaptar-se à interpretação e às leis particulares de cada país:

"O turismo é um fenômeno social que consiste no deslocamento voluntário e temporário de indivíduos ou grupos de pessoas que, fundamentalmente por motivos de recreação, descanso, cultura ou saúde, se trasladam de seu lugar de residência habitual a outro, não exercendo atividade lucrativa ou remunerada e promovendo múltiplas inter-relações de caráter social, econômico e cultural".

Assim, turismo é o conjunto de turistas, que ocasiona um complexo de fenômenos e relações produzidas em massa, como conseqüência de suas viagens: transporte, hotéis, agências, espetáculos, guias, intérpretes, organizações privadas ou públicas que promovem a infra-estrutura e a expansão dos serviços; campanhas publicitárias, centros de informações e escolas especializadas.

Quanto ao turista, cabe destacar que de acordo com a convenção sobre facilidades aduaneiras para o turismo, o termo "turista" designa "toda pessoa, sem distinção de raça, sexo, idioma ou religião que adentre ao território de um Estado contratante, diferente daquele em que a pessoa tenha seu domicílio, e permaneça nele não menos de vinte e quatro horas e não mais de seis meses, no período de um ano, com finalidade de turismo, recreação, esportes, saúde, assuntos familiares, estudos, peregrinações religiosas ou negócios, sem o propósito de imigração".

De acordo com os Congressos Interamericanos de Turismo, "o conceito de turista predominante nos Estados Americanos incorporados a seu direito, com manifestação expressa em alguns casos ou sem elas em outros, se refere à pessoa que permanece em lugar diferente de sua residência habitual ou dela se ausente temporariamente por mais de vinte e quatro horas e que invista em seus gastos, recursos que não provêm do lugar visitado. A duração dessa estadia, ainda que não seja a mesma em todas as partes, tende a limitar-se há seis meses".

De acordo com a Lei Federal de Fomento ao Turismo do México, expedida em 29 de dezembro de 1973, turista é: "a pessoa que viaja fora de seu domicílio, com o propósito preponderante de entretenimento, saúde, descanso ou qualquer outro similar".

Para concluir, convém destacar que o Comitê de Especialistas em Estatísticas da Sociedade das Nações, para tornar mais comparáveis as estatísticas de turismo internacional, submeteu ao Congresso, em 22 de janeiro de 1937, a seguinte definição:

"Turista é toda a pessoa que viaja pela duração de vinte e quatro horas ou mais, a país diferente ao de sua residência habitual".

Assim, o deslocamento turístico obedece a diversas causas, podendo-se destacar entre elas as seguintes:

Culturais, educativas ou profissionais. Desejo de conhecer sociedades diferentes, assistir a eventos especiais e participar, de algum modo, da história.

Econômicas. Desfrutar dos benefícios oferecidos pelos preços módicos que permitem estadias mais prolongadas e com tipo de vida diferente.

Étnicas. Regresso ao lugar de origem para restabelecer laços familiares ou por motivos puramente sentimentais.

Esportivas. Assistir ou participar de atividades esportivas.

Físicas. Tratamento de saúde em centro especializado ou apenas desejo de repouso ou descanso.

Técnicas. Utilização de novo meio de transporte, seja particular (estrear automóvel novo) ou coletivo (modelo novo de avião, lançamento de veículo diferente como o barco-ônibus que desliza sobre colchão de ar).

Sociológicas. Conseguir maior conhecimento do mundo em que se vive ou para acompanhar a moda.

Religiosas. Peregrinação a lugares santos ou de especial devoção.

O fenômeno turístico se tornou um meio pelo qual se consegue incrementar a entrada de divisas a um país, que repercute também como fonte de trabalho para pessoas que direta ou indiretamente dependem desta atividade para subsistir.

Consideremos o fenômeno turístico como um tronco comum (Fig. 1.1), do qual se deriva ampla variedade de atividades relacionadas entre si, sendo o conjunto de empresas prestadoras de serviços, citadas a seguir, o que integra o fenômeno turístico.

1. Agências de viagens.
2. Agências de carga.
3. Companhias transportadoras (aéreas, marítimas e terrestres).
4. Hotelaria.
5. Espetáculos e diversões.
6. Manufatura e venda de artesanato.

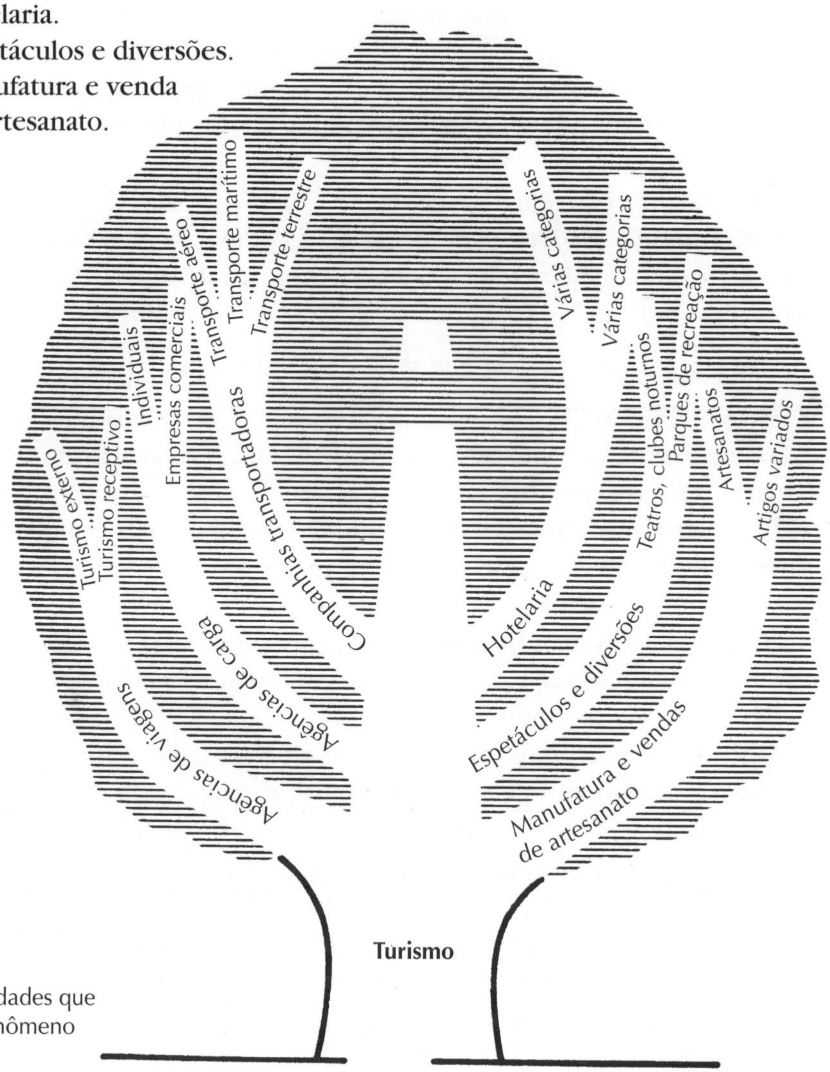

Fig. 1.1. Atividades que integram o fenômeno do turismo.

A crescente atividade turística no mundo requer cada vez mais pessoas bem preparadas profissionalmente, com amplos conhecimentos sobre a condução e a recepção do turista. Com base em estudos feitos relativos à necessidade que muitos países têm de profissionais em turismo, surgiram recentemente várias instituições que incluem esta profissão (Fig. 1.2).

O trabalho desse pessoal causará nos visitantes impressão de segurança, tranqüilidade, amabilidade e hospitalidade, feito que repercutirá em projeção positiva de um país no exterior. Isto, por sua vez, trará como conseqüência incremento considerável do turismo e obviamente maiores entradas de divisas para esse país.

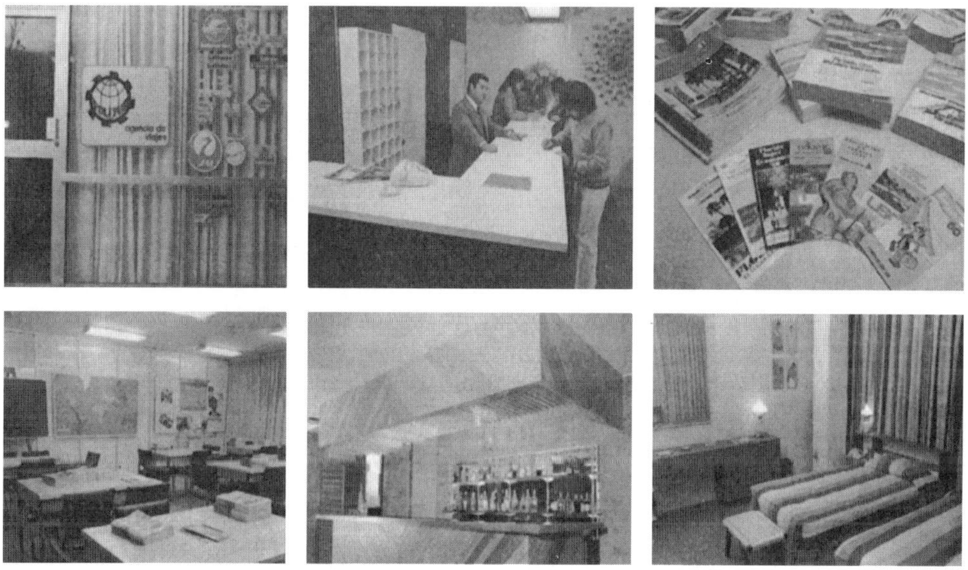

Fig. 1.2. A atividade turística requer profissionais mais capacitados e com boa formação para as diversas áreas de atuação, seja em agências de viagem ou hotéis.

EXERCÍCIOS

I. Complete as frases com a palavra adequada

1. Turismo é o fenômeno de deslocamento humano de um espaço ____________________ a outro ____________________.
2. O deslocamento ______________ obedece a diversas ________________.
3. A atividade turística se constituiu como o ____________________ pelo qual se consegue incrementar a ____________________ de divisas de um país.
4. O fenômeno turístico é coadjuvante na criação de ____________________ de trabalho para pessoas que de maneira direta ou indireta ______________ desta atividade para subsistir.

5. O fenômeno turístico é considerado um tronco ______________, do qual se deriva ampla ______________ de atividades relacionadas entre si.
6. Um profissional do turismo deve ter amplos conhecimentos sobre a ______________ e recepção do ______________.
7. A crescente atividade turística no ______________ requer cada vez mais pessoas bem preparadas ______________.
8. Em muitos países surgiram recentemente várias instituições para ______________ profissionais em ______________.
9. O trabalho dos profissionais de turismo desses países causará em seus visitantes uma ______________ de segurança, tranqüilidade e ______________.
10. O trabalho adequado do pessoal em questão repercutirá em projeção muito ______________ desses países no ______________.

II. Responda às seguintes perguntas

1. Qual é a definição de turismo, segundo Óscar de la Torre Padilla?

____

____.

2. Aponte três causas do deslocamento turístico.

____

____.

3. Qual é a repercussão positiva da atividade turística?

____

____.

4. Aponte três empresas prestadoras de serviços que constituem o fenômeno turístico.

____

____.

5. De que necessita a atividade turística atualmente?

____

____.

6. Qual a função de uma agência de viagens?

____

____.

7. Que tipos de transportes são utilizados na atividade turística?

____

____.

8. Escreva a razão social de três linhas aéreas que conhece.

____

____.

9. Cite os dois tipos de transportes marítimos.

____

____.

10. Cite três meios de transportes terrestres.

____

____.

III. Os alunos pesquisarão individualmente ou em grupos, na Secretaria de Turismo de sua cidade, as instituições que considerem idôneas e as companhias prestadoras de serviços, quanto a:

1. Quantas escolas de turismo funcionam em sua cidade?

____

____.

2. Quais as disciplinas que capacitam os técnicos de empresas turísticas?

____

____.

3. Que disciplinas incluem a licenciatura em turismo?

____

____.

4. Cite duas companhias transportadoras aéreas nacionais, duas internacionais, duas de navegação e duas transportadoras terrestres.

____

____.

5. Quais as vantagens das agências de viagens filiadas à Associação Internacional de Viagens Aéreas (IATA) sobre as não-filiadas a IATA?

____

____.

6. Cite as funções de uma agência de cargas.

____

____

____.

7. Como se classificam os hotéis que prestam serviço ao turismo?

____

____.

8. Cite três espetáculos freqüentados pelos turistas em sua cidade.

____

____.

9. Que tipo de artesanato é fabricado no Estado de São Paulo?

____

____.

10. Quais são os artesanatos característicos do Estado da Bahia?

____

____.

IV. Assinale a opção que considerar correta

1. As peregrinações a lugares santos ou de especial devoção se devem a causas:
   ( ) *a)* Físicas
   ( ) *b)* Técnicas
   ( ) *c)* Religiosas
   ( ) *d)* Econômicas

2. Os deslocamentos motivados pelos benefícios que os preços oferecem permitindo estadias mais prolongadas e com tipo de vida diferente se devem a causas:
   ( ) *a)* Econômicas
   ( ) *b)* Esportivas
   ( ) *c)* Religiosas
   ( ) *d)* Étnicas

3. As razões pelas quais alguns passageiros retornam a seu lugar de origem para restabelecer laços familiares são:
   ( ) *a)* Técnicas
   ( ) *b)* Étnicas
   ( ) *c)* Religiosas
   ( ) *d)* Esportivas

4. As causas pelas quais alguns passageiros viajam para recuperar a saúde em centro especializado ou simplesmente por desejar repouso e descanso são conhecidas por:
   ( ) *a)* Físicas
   ( ) *b)* Técnicas
   ( ) *c)* Étnicas
   ( ) *d)* Econômicas

5. As razões pelas quais alguns passageiros viajam simplesmente por desejo de conhecer sociedades diferentes seguem as causas:
   ( ) *a)* Físicas
   ( ) *b)* Culturais
   ( ) *c)* Religiosas
   ( ) *d)* Econômicas

6. Os deslocamentos motivados pela participação em eventos de caráter esportivo se devem a causas:
   ( ) *a)* Étnicas
   ( ) *b)* Físicas

( ) *c)* Econômicas
( ) *d)* Esportivas

7. A razão pela qual um passageiro viaja para estrear um carro é puramente:
( ) *a)* Técnica
( ) *b)* Econômica
( ) *c)* Esportiva
( ) *d)* Cultural

8. O fato de que um passageiro viaje para ampliar seus conhecimentos do mundo em que vive ou para um lugar da moda, obedece a razões:
( ) *a)* Físicas
( ) *b)* Religiosas
( ) *c)* Sociológicas
( ) *d)* Étnicas

9. Um passageiro viaja para lançamento de um barco-ônibus que desliza sobre colchões de ar por causas:
( ) *a)* Técnicas
( ) *b)* Físicas
( ) *c)* Econômicas
( ) *d)* Étnicas

10. A razão pela qual um passageiro viaja com o objetivo de participar de algum modo da História é puramente:
( ) *a)* Profissional
( ) *b)* Econômica
( ) *c)* Étnica
( ) *d)* Física

DIÁLOGOS

A. Diálogo entre um cliente do hotel, o Sr. Sanchez e a telefonista do hotel.

Telefonista: Boa noite, Sr. Sanchez. Em que posso servi-lo?
Sr. Sanchez: Boa noite, senhorita. Estou incomodando porque preciso que me desperte amanhã às 6:30h, por favor, pois tenho de estar no aeroporto às 8:00h.
Telefonista: Sim, com todo prazer. O Sr. pegará vôo doméstico ou internacional?
Sr. Sanchez: Internacional, vou para Santo Antonio, no Texas.
Telefonista: Então sugiro que se levante um pouco mais cedo, porque tem de se apresentar no aeroporto uma hora antes da saída do vôo.

Sr. Sanchez: É verdade. Não havia pensado nisto. A propósito, quanto tempo levarei para chegar ao aeroporto?

Telefonista: Depende do trânsito, mas é por volta de meia hora.

Sr. Sanchez: A que horas sugere que me levante?

Telefonista: Penso que às 6:00h está bom.

Sr. Sanchez: Ótimo. Aproveito para agradecer o recado relativo à chamada telefônica que meu sócio fez esta manhã durante minha ausência. Um mensageiro o entregou. Muito obrigado.

Telefonista: Estamos aqui para servir.

B. Rubens e Geraldo, dois funcionários de uma agência de viagens fazem comentários sobre as causas dos deslocamentos turísticos.

Rubens: Temos tido muito trabalho este ano, não é?

Geraldo: Penso que sim, sem dúvida que as olimpíadas atraem muito turismo.

Rubens: Sem dúvida o deslocamento de muita gente segue diversas causas, entre as quais estão as esportivas. E o que me diz da peregrinação que vai a Roma no mês que vem?

Geraldo: Bom, as *peregrinações religiosas* constituem-se parte muito importante para as linhas aéreas.

Rubens: Estou certo disso. Imagine o público que deve ter as linhas aéreas que operam com países do Oriente Médio?

Geraldo: Bom, lembre-se que a maioria dos habitantes destes países é de muçulmanos e um dos preceitos do Islã diz que todo muçulmano deverá fazer uma peregrinação a Meca, pelo menos uma vez na vida, se suas condições permitirem.

Rubens: Os árabes viajam muito. Lembra-se do grupo do Clube Libanês que foi ao Líbano no ano passado?

Geraldo: Sim, foi muito numeroso, mas não tanto quanto o grupo que vai para a Espanha em breve.

Rubens: É verdade, os grupos *étnicos* são geralmente muito numerosos. Por que será?

Geraldo: Bom, é que regressam a seu país de origem para reforçar laços familiares ou por motivos puramente sentimentais.

Rubens: Não resta dúvida que sobram motivos às pessoas para viajar, quando não é por razões *culturais* ou *técnicas*, é por razões *econômicas*, *físicas* ou *sociológicas*.

Capítulo 2

AGÊNCIAS DE VIAGENS

Antigamente, não existiam empresas que oferecessem informações, orientações e organizações para os deslocamentos turísticos de pessoas, no que se refere a transportes e hospedagem. Assim, em 1841, Thomas Cook organizou e realizou uma viagem entre Leicester e Longborough, Inglaterra, feito este que teve como conseqüência o nascimento da primeira agência de viagens, chamada Thomas Cook and Son.

Atualmente, existe toda uma rede com sucursais nas cidades mais importantes dos cinco continentes.

O trabalho de Cook é totalmente reconhecido no meio turístico. Ele é considerado o pai da indústria turística organizada.

Assim sendo, a agência de viagens pode ser definida como empresa turística que atua como agente intermediário ativo entre pessoas que se deslocam por turismo e os prestadores de serviços específicos, com finalidade lucrativa (Fig. 2.1).

Com base na grandeza da operação, o tipo de mercado e o caráter administrativo, as agências de viagens são classificadas em:

1. Conforme a grandiosidade de suas operações:

   a) *Agência de turismo*. É a pequena empresa que opera com o mínimo de funcionários, dedicada a vender ao público em geral.

   b) *Operadora de turismo*. É a empresa que opera com organização mais especializada e conta, conforme o volume de operações, com sucursais para atender a um público maior.

Fig. 2.1. A agência de viagens atua como intermediária entre as pessoas que se deslocam por turismo e prestadores de serviços.

2. Conforme o tipo de mercado:

   a) *Agências de turismo receptivo*. São as que organizam e operam viagens e/ou oferecem certos serviços particulares ao turista que provém de lugar diferente da localização da agência.
   b) *Agências de turismo internacional*. São as que vendem tanto serviços particulares como viagens organizadas ou pacotes, geralmente por outra agência internacional, a turistas nacionais que visitam o exterior.
   c) *Agências de turismo receptivo e internacional*. São as que operam simultaneamente viagens a turistas dentro e fora do país.

3. Conforme o seu caráter administrativo:

   a) *Agências*. São as empresas matrizes.
   b) *Subagências*. São as sucursais no país e filiais no exterior.

Funções básicas da agência de viagens. As funções básicas das agências de viagens são organização, promoção, reservas e venda de serviços de transporte, hospedagem, alimentação, visitas a lugares ou eventos de interesse, transporte local e excursões (Fig. 2.2). Também facilita o trâmite de documentos, tais como passaporte, vistos, seguros, créditos, etc.

Essas funções requerem contínuo contato da agência com os prestadores de serviços turísticos, especialmente os hoteleiros e os de transportes.

As relações entre agências e prestadores de serviços estão baseadas no princípio fundamental de que o provedor reserva à agência uma comissão a ser deduzida do preço cobrado normalmente ao cliente, para não encarecer os serviços ao turista.

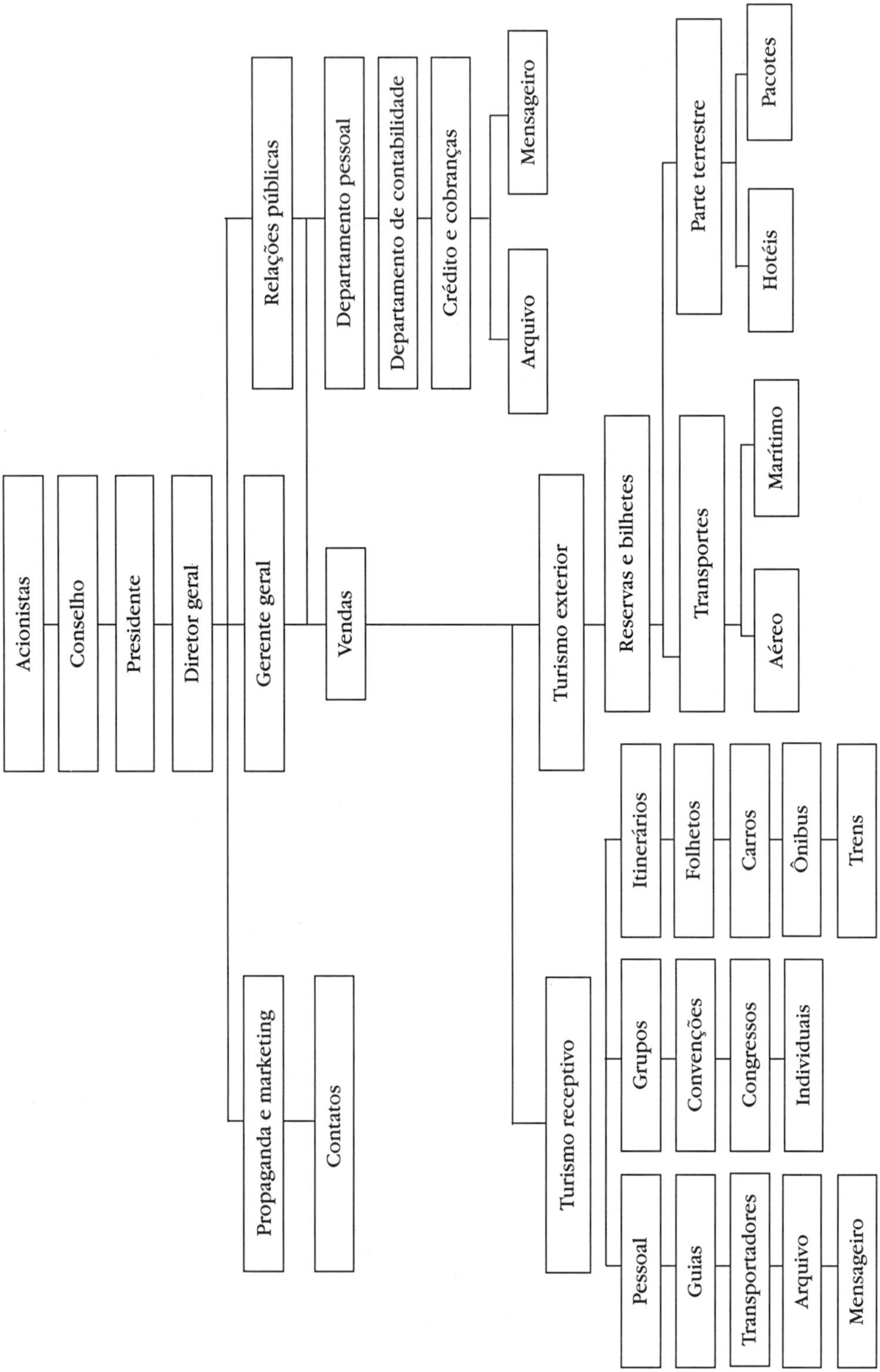

Fig. 2.2. Organização de uma agência de viagens

EXERCÍCIOS

I. De acordo com as informações sobre a classificação de uma agência de viagens, complete o seguinte organograma:

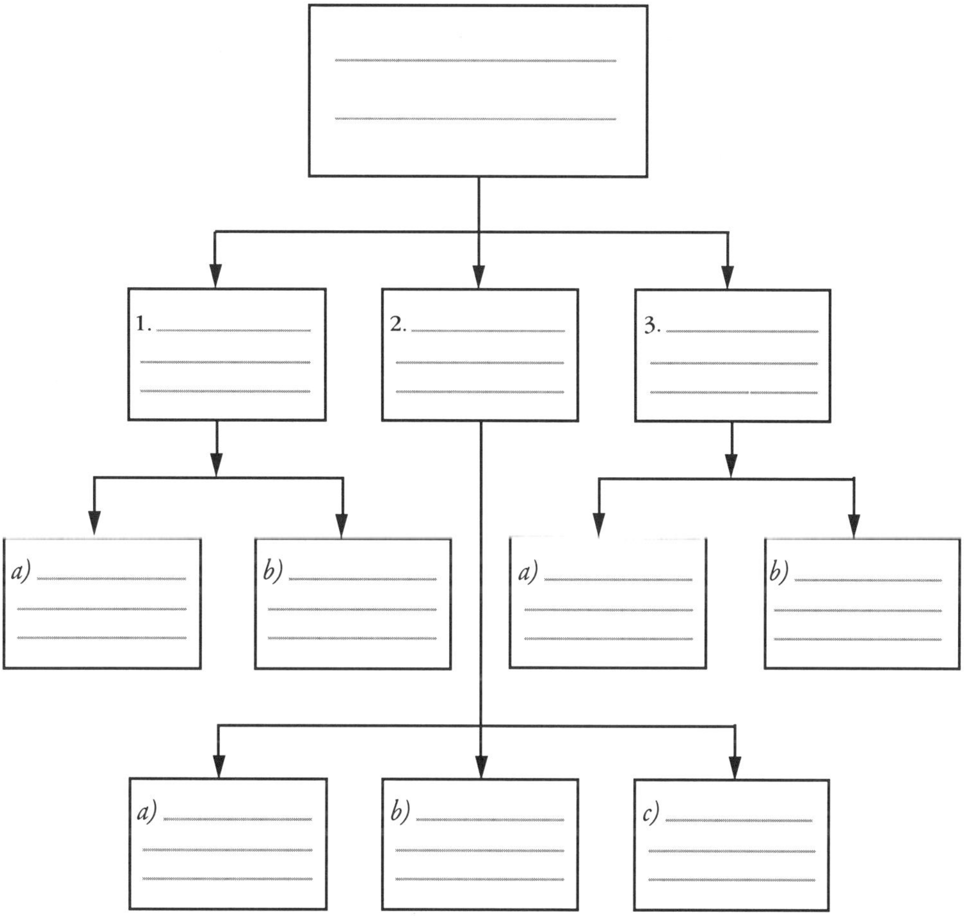

II. Os alunos visitarão uma agência de viagens individualmente ou em grupos, e com base nas informações obtidas responderão ao seguinte questionário:

1. Nome da agência visitada:

 ______________________________.

2. Segundo as informações sobre classificação de agências que tem, como classificaria a agência visitada?

 ______________________________.

3. Em quantos e quais departamentos está dividida a agência?

____

____.

4. Descreva em poucas palavras o departamento de vendas.

____

____.

5. Quais são as atividades de um vendedor?

____.

6. Quais são as funções de um contato em relação à agência de viagens e em que condições trabalha?

____.

7. Escreva o nome de três manuais usados nas agências de viagens.

____.

8. A agência visitada está filiada à IATA?

____.

9. Caso a agência esteja filiada à IATA, pesquisar seu número de registro.

____.

10. Que tipo de serviços turísticos é oferecido pelos prestadores de serviços ao pessoal da agência de viagens?

____

____.

III. Coloque nos parênteses a letra correspondente à palavra que completa a frase adequadamente

1. Thomas Cook é considerado o pai da indústria turística ( ).
2. Agência de viagens é empresa turística que atua como intermediária entre os viajantes e os prestadores de ( ).
3. Segundo a grandiosidade da operação, as agências de viagens se classificam em agências de viagens e ( ).

A. Exterior
B. Turístico
C. Comissão
D. Importação
E. Organizada

4. Conforme o tipo de mercado, as agências de viagens se classificam em agências de turismo receptivo e ( ).
5. Conforme o caráter administrativo, as agências de viagens se classificam em agências e ( ).
6. As agências de viagens têm com os prestadores de serviços um constante ( ).
7. As agências de viagens facilitam o trâmite de documentos como passaporte, viagens, seguros e ( ).
8. Antigamente não existiam empresas que prestassem informações, orientações e organização relativas ao deslocamento ( ).
9. Em 1841, Thomas Cook organizou e realizou uma viagem entre Leicester e ( ).
10. As agências de viagens descontam do prestador de serviços, do preço cobrado ao cliente, sua ( ).

F. Contribuição
G. Longborough
H. Operadoras de Turismo
I. Londres
J. Crédito
K. Serviços
L. Subagências
M. Contato

IV. Assinale a opção que considerar correta

1. Thomas Cook é considerado:
   ( ) *a)* Um dos primeiros prestadores de serviços.
   ( ) *b)* O pai dos prestadores de serviços organizados.
   ( ) *c)* O pai da indústria turística organizada.
   ( ) *d)* Um dos agentes de viagens organizadas.

2. As agências de viagens se classificam, conforme o volume de operações, em:
   ( ) *a)* Agências de viagens e operadoras de turismo.
   ( ) *b)* De turismo receptivo e internacional.
   ( ) *c)* Agências e subagências.
   ( ) *d)* Matrizes e sucursais.

3. As agências de viagens se classificam, atendendo ao seu tipo de mercado, em:
   ( ) *a)* Matrizes e sucursais.
   ( ) *b)* Domésticas e internacionais.
   ( ) *c)* Agências e operadoras de turismo
   ( ) *d)* De turismo receptivo e internacional.
4. As agências de viagens se classificam, conforme seu caráter administrativo, em:
   ( ) *a)* Agências e operadoras de turismo.
   ( ) *b)* Agências e subagências.
   ( ) *c)* Matrizes e sucursais.
   ( ) *d)* Domésticas e internacionais.

5. As subagências são:
( ) *a)* Empresas matrizes.
( ) *b)* Agências de viagens.
( ) *c)* Sucursais no país e no exterior.
( ) *d)* Sucursais para vender somente no varejo.

DIÁLOGOS

A. Davi e Verônica se casarão em futuro próximo e estão, por esse motivo, em uma agência de viagens da cidade acertando sua viagem de núpcias.

Davi: Queremos informações sobre pacotes, porque vamos nos casar no próximo mês.

Agente: Sim, viajarão em lua de mel... Já têm idéia dos lugares que desejam visitar?

Verônica: Sim, nos disseram que os cruzeiros pelo Caribe são maravilhosos.

Agente: Exatamente, era o que eu ia sugerir. Os cruzeiros pelo Caribe são os mais adequados para viagem de lua-de-mel.

Davi: Existe algum folheto que descreva esses cruzeiros?

Agente: Claro, aqui há um pacote que penso ser exatamente o que desejam. Operamos esta excursão em conjunto com a Companhia Brasileira de Aviação e com a companhia marítima "Costa Line".

Verônica: (Dirigindo-se a Davi): Veja, meu amor, esta é a viagem de navio que foi sugerida pela Carla, o que você acha?

Davi: Parece perfeita, imagine 11 dias pelo Caribe, incluindo São João de Porto Rico, A Guairá, Granada, Barbados, Santa Luzia e São Tomás.

Verônica: Você já viu as fotografias e a descrição do navio? É uma verdadeira cidade flutuante. Olha os camarotes que elegantes e, além disso, tem piscina, bares, restaurantes, cinemas e casas noturnas.

Davi: Reparou que mediante uma quantia razoável adicional, podemos participar das excursões em terra. Vamos ficar com este pacote?

Verônica: O que você achar melhor, querido. Parece-me ideal, mas um pouco caro e não sei se você dispõe de dinheiro suficiente.

Davi: O dinheiro é o de menos, pois com uma pequena entrada podemos obter prazo de até 24 meses para pagar o restante.

Capítulo 3

PRECURSORES DA AVIAÇÃO

No capítulo 4 trataremos do tema relativo à aviação comercial, que é considerado um dos temas mais importante deste livro, razão pela qual, apresentaremos previamente o capítulo relativo ao histórico da aviação, que certamente ajudará a compreender melhor os capítulos posteriores.

De fato a aviação é praticamente recente. No entanto, há vários séculos o sonho de voar já era um desafio para o homem, tanto que no século XV, o célebre Leonardo Da Vinci, cuja versatilidade permitiu destacar-se também nos campos da pintura, escultura, música, literatura, engenharia, arquitetura e ciência; planejou um artefato para voar.

Podemos citar também grande número de adeptos que se dedicaram à arte de voar, como os pioneiros Simón, o Mago e Paolo Guidotti, que pagaram com suas vidas suas experiências. Esses fatos não diminuíram o desejo de voar, tanto que em 1742, o marquês de Bacqueville, planando com asas presas aos braços e pernas, conseguiu sobrevoar o Sena (Fig. 3.1).

No início do século XIX surgiram mais adeptos da aviação e em 1805, o engenheiro britânico Cayley planejou um avião, fuselagem, asas, timões de direção e profundidade, bem como propulsor. O número de adeptos aumentou tanto que foram fundadas as sociedades aeronáuticas, como a British Aeronautic Society e o Aeroclube de France, fundados em 1866 em Londres e em 1898 em Paris, respectivamente. Outro acontecimento a destacar foi em novembro de 1896, quando Samuel Langley, dirigente da Instituição Smithsoniana fez voar alguns modelos de certa potência, porém não foram pilotados.

Fig. 3.1. O homem sempre quis voar, e invejava isto nas aves, tratando de imitá-las pelo método de bater as asas.

Mas foi às 10:35h da manhã do dia 17 de dezembro de 1903, que o sonho de voar da humanidade se viu coroado de êxito por Orville Wrigth em Kitty Hawk, na Carolina do Norte. Foi o primeiro vôo controlado com um aparelho mais pesado que o ar, permanecendo voando por 12 segundos. Mais tarde, no mesmo dia, Wilbur, irmão mais velho de Orville, realizou outro vôo a mais de 800 pés de altitude, permanecendo no ar durante 59 segundos. (Fig. 3.2).

Considerando a grande importância para a aviação da contribuição dos irmãos Wright, seguem alguns dados biográficos deles:

Wilbur e Orville Wright nasceram em Millville, Indiana, em 16 de abril de 1867 e em Dayton, Ohio em 19 de agosto de 1871, respectivamente. O sonho de voar surgiu quando eram meninos, seu pai comprou para eles um helicóptero de brinquedo. Os meninos desmontaram o brinquedo para estudá-lo, ficando em suas memórias o sistema de vôo. Posteriormente, começaram a observar os pipas ou papagaios de brinquedo, além de estudar também o movimento das asas dos pássaros durante o vôo.

Alguns anos mais tarde os irmãos Wright, que possuíam um negócio no ramo de bicicletas em Dayton, quando tomaram conhecimento dos experimentos do planador alemão realizados pelo pioneiro Otto Lilienthal, aumentou o interesse pela aviação, e a princípio o que representava apenas um passatempo para eles, tornou-se importante descobrimento científico. Os irmãos Wright notaram que muitas das informações disponíveis sobre aerodinâmica daquela época, não ti-

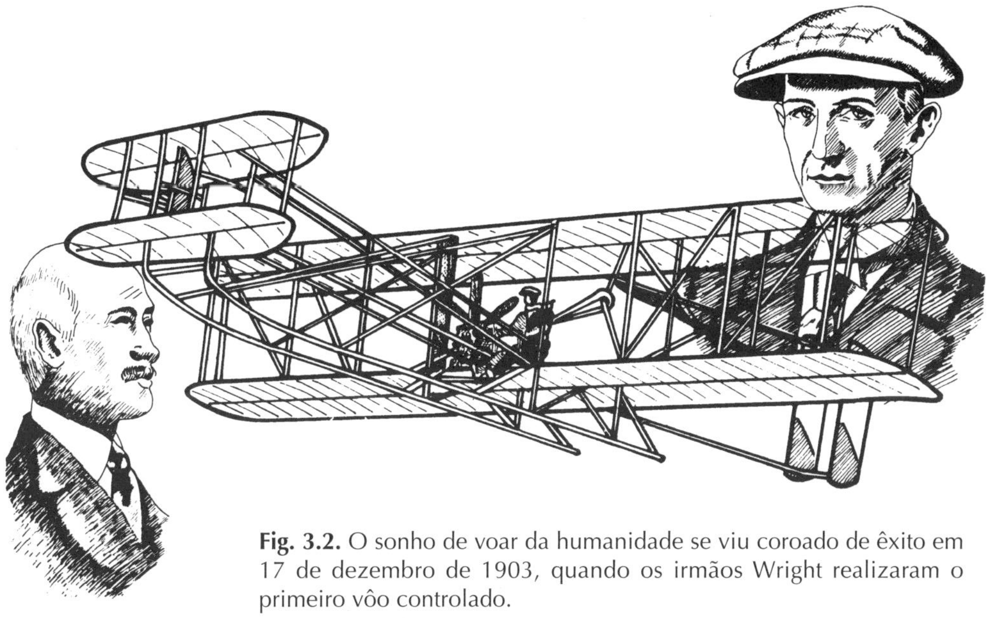

Fig. 3.2. O sonho de voar da humanidade se viu coroado de êxito em 17 de dezembro de 1903, quando os irmãos Wright realizaram o primeiro vôo controlado.

nham fundamento, e por isso reuniram seus próprios dados sobre as quatro forças que intervêm no movimento de um avião, ou seja, levantamento, peso, empuxo e resistência no avanço.

Em 1902 consideraram que já sabiam o suficiente para projetar um avião que funcionasse, e começaram o projeto e construção de um, feito de peças de madeira e tecido, com as seguintes características: 4 cilindros, 12 cavalos de força, motor a gasolina e um peso total de 750 libras, incluindo o piloto. Em dezembro de 1903 já haviam realizado a façanha.

Depois de dois anos do primeiro vôo realizado, os irmãos Wright aperfeiçoaram o sistema deste, sentindo a necessidade de fabricar um avião. Mas, para tanto, necessitavam de ajuda financeira, e para obtê-la precisariam de uma demonstração na Europa de sua habilidade aeronáutica.

A realeza os viu voar e a resposta foi positiva. Ao regressar à América conseguiram vender um avião ao governo por US$ 30.000 dólares. Em conseqüência disto, o exército fundou a primeira escola de aviação com Orville como instrutor.

Seguindo o exemplo dos irmãos, em 1906 os irmãos Voisin organizaram em Paris a primeira fábrica de aviões, nascendo, assim, a indústria aeronáutica.

Cabe destacar ainda entre os precursores da aviação, o herói da travessia do Atlântico, Charles Lindbergh, que mereceu o título de "A Águia Solitária" (Fig. 3.3).

Em 1919, Richard Orteg, magnata da indústria hoteleira de Nova York, ofereceu um prêmio de US$ 25.000 dólares ao primeiro vôo sem escalas entre Nova York e Paris, uma distância de 5.800 quilômetros. Depois de oito anos com os progressos obtidos pela construção de aviões e motores foi possível uma aventura dessa natureza. Em 1927 vários pilotos famosos se dispuseram, em ambos os lados do Atlântico, a conquistar o prêmio. Charles Lindbergh fez sua inscrição de última hora em Nova York e iniciou a proeza em 20 de maio de 1927 às 7:45h da manhã, no *Spirit of St. Louis*, partindo do aeródromo Roosevelt Field, que tinha uma pista mais longa. O vôo de Lindbergh foi coroado com êxito depois de 33 horas e meia de vôo quando o *Spirit of St.Louis* aterrissou no aeródromo de *Le Bourget* em Paris.

Os pioneiros da aviação tinham de voar apoiando-se em seus próprios instrumentos e nos desenvolvimentos da navegação marítima, o que nem sempre era suficiente. A orientação por bússola e pelas estrelas era comum, e qualquer urgência obrigaria à aterrissagem forçada, no lugar mais próximo e com grandes probabilidades de acabar em catástrofe.

Somente em 1919, ao final da Primeira Guerra Mundial, que surgiram fatores importantes que impulsionaram a aviação comercial, como:

Fig. 3.3. Charles Lindbergh mereceu o título de "A Águia Solitária" por haver realizado o primeiro vôo sem escalas entre Nova York e Paris.

a) Existência de considerável quantidade de material de vôo de guerra que não tinha mais nenhuma utilidade.
b) Grande número de pilotos altamente preparados que ficaram sem trabalho.
c) Os pilotos tinham certo prazer pelos riscos de voar.

Como conseqüência, em 1918 foi inaugurado, nos Estados Unidos, o primeiro serviço regular entre Nova York e Washington, contando desde os primeiros vôos com a Administração de Correios como cliente.

Atualmente, os avanços da ciência e a tecnologia têm permitido a construção de aviões mais seguros. A meteorologia tem caráter científico e os vôos que antes eram feitos em situações adversas, hoje dispõem de ampla gama de instrumentos adequados. Também, muitos organismos ajudam o tráfego aéreo, com aeroportos funcionais, providos de muitos serviços, como pistas adequadas de aterrissagem e decolagem, bem como departamentos para operações (Fig. 3.4).

Esses departamentos proporcionam informações sobre rotas aéreas, meteorologia, ajuda à navegação e outras informações para facilitar os vôos. Também dispõem de torres de controle, das quais os vôos IFR (Instrumental Flight Rules, regras de vôos por instrumentos) ou VFR (Visual Flight Rules, regras de vôo visual) são controlados; instalações fixas que por meio de sinais acústicos, ópticos ou radioeletrônicos emitidos automaticamente ajudam em operações de aproximação, aterrissagem e distanciamento (Fig. 3.5).

Fig. 3.4. Os principais aeroportos contam com pistas adequadas de aterrissagem e decolagem.

Estão incluídos também os serviços aos passageiros, tais como: informações, venda de passagens, *check-in* e recepção das malas, transportes, serviços de bar e restaurante, manutenção das pistas, equipamentos contra-incêndios, segurança, estacionamento, instalações bancárias para câmbio de moedas, serviços de correios, zona comercial geralmente livre de impostos, salas de espera, etc. (Fig. 3.6).

Todos esses serviços complementam o panorama do aeroporto, permitindo que o tráfego aéreo seja realidade comercial e experiência atrativa (Fig. 3.7).

Fig. 3.5. Torre de controle do Aeroporto Internacional Benito Juarez, cidade do México, da qual são controlados os vôos por instrumento, IFR.

Fig. 3.6. Confortável sala de espera no Aeroporto Internacional da cidade do México.

Fig. 3.7. Zona comercial livre de impostos do Aeroporto Internacional do México.

Para concluir este capítulo, seguem alguns dados sobre os grandes fabricantes de aviões da atualidade.

Companhias Norte-Americanas

Boeing. Importante empresa de Seattle, fundada em 1916 por William E. Boeing. É considerada a primeira construtora de aviões comerciais no mundo, com seus aviões 707, 727, 737 e, mais recentemente, o Jumbo 747 em suas cinco versões, com capacidade para até 430 passageiros e velocidade de 1.000km/hora.

Douglas ou Mac Donnell-Douglas. Construtora de aviões comerciais considerada a segunda em importância. Sua fábrica está localizada em St. Louis, Estados Unidos e está constituída pela fusão de duas importantes empresas, realizada em 1967, com seus aviões DC-8, DC-9 e DC-10. Este último pode transportar 550 passageiros à velocidade de 950km/hora.

Lockheed. Empresa de Burbanks, Califórnia, fundada em 1916. Fabricou o monomotor Vega, no qual voou o famoso piloto Charles Lindbergh. Fabricante também do Lockheed Electra com motor de turbo propulsão, de muita aceitação para rotas curtas em vôos Charter. Para cargas em geral, fabricou o Galaxy e o L1011 Tristar, avião de reconhecida qualidade, cuja capacidade é de 250 a 300 passageiros.

COMPANHIAS EUROPÉIAS

Em decorrência das limitações que as companhias européias tiveram no mercado de aviação civil, seus esforços principais se dirigiram à construção de aviões de combate, sendo quatro as principais fábricas européias:

1. *Hawker Siddley*. Na Grã-Bretanha, com o VTOL (Vertical Take off and Landing), um eficiente avião de combate que aterrissa e decola na vertical.
2. *SNIAS* (Societé Nationale Industries Aérospatiales). Na França, com o avião supersônico Concorde, posto em serviço recentemente, com capacidade para 128 passageiros e com velocidade duas vezes superior a do Boeing 747.
3. *Dassault-Breguet*. Na França, com o Mirage F-1, excelente avião militar, em diferentes versões, com ampla aceitação.
4. *VFW-Fokker*. Na Alemanha, com seu avião de combate F-104.

EXERCÍCIOS

I. Complete as frases com a palavra adequada

1. Séculos atrás o sonho de ________________ já era um desafio para a raça ________________.
2. No século XV, Leonardo Da Vinci ________________ um artefato para ________________.
3. Em 1742, o Marquês de Bacqueville, planando com umas ________________ presas a braços e pernas, conseguiu ________________ o Sena.
4. Orville Wright, realizou em Kitty Hawk, Carolina do Norte, o ________________ vôo controlado com um aparelho mais ________________ que o ar.
5. Os irmãos Wright reuniram seus próprios dados sobre as quatro ________________ que intervêm no ________________ de um avião.
6. As quatro forças que intervêm no movimento de um avião são: ________________, peso, empuxo e ________________.
7. Em 1906, os irmãos Voisin estabelecem em ________________ a primeira oficina para fabricação de ________________.
8. Charles Lindbergh, conhecido como "A Águia Solitária", realizou o primeiro vôo sem ________________ entre Nova York e ________________.
9. Charles Lindbergh iniciou a proeza em 20 de maio de 1927 no ________________, partindo do aeródromo ________________.
10. O vôo de Lindbergh se viu coroado de êxito depois de 33 horas e meia, quando o *Spirit of St. Louis* aterrissou no aeroporto de ________________, em ________________.

II. Responda às seguintes perguntas

1. Quais instrumentos de que dispunham os pioneiros da aviação?

____

____.

2. Os pioneiros da aviação se orientavam por meio de quê?

____

____.

3. Que fatores impulsionaram a aviação comercial ao final da Primeira Guerra Mundial?

____.

4. Com que serviços contam os aeroportos atuais?

____

____.

5. O que significa vôo IFR?

____

____.

6. O que significa vôo VFR?

____

____.

7. Quais são as três companhias norte-americanas fabricantes de aviões?

____

____.

8. Quais são as características do avião Boeing 747?

____

____.

9. Quais são as principais companhias européias fabricantes de aviões?

____

____.

10. As companhias européias se dedicaram à construção de que tipo de aviões?

____

____.

III. Coloque nos parênteses a letra correspondente à palavra que completa a frase adequadamente

1. É fato que a aviação comercial é praticamente ( ).
2. Séculos atrás o sonho de voar já era um desafio para o ( ).
3. Grande número de adeptos à aviação se dedicou ao método de bater das ( ).
4. Bacqueville, planando com asas presas aos braços e às pernas, conseguiu sobrevoar o ( ).
5. Em 1805, o engenheiro britânico Cayley estabeleceu: fuselagem, asas, timões e propulsor no projeto de um ( ).
6. Samuel Langley voou em 1896 alguns aviões de certa potência, porém não ( ).
7. Em 17 de dezembro de 1903, o sonho de voar da humanidade se viu coroado ( ).
8. Orville Wright realizou em Kitty Hawk o primeiro vôo controlado com um aparelho mais pesado que o ( ).
9. O exército dos Estados Unidos fundou a primeira escola de aviação com Orville como ( ).
10. O primeiro sonho de voar dos irmãos Wright nasceu quando seu pai lhes comprou um helicóptero de ( ).

A. Recente
B. Avião
C. Ar
D. Brinquedo
E. Verdade
F. Bater asas
G. Antiga
H. Sena
I. Fracasso
J. Homem
K. Pilotados
L. Instrutor
M. Êxito

IV. Assinale a opção que considerar correta

1. A sociedade aeronáutica Britsh Aeronautic Society foi fundada em:
   ( ) *a)* Paris, em 1898.
   ( ) *b)* Londres, em 1898.
   ( ) *c)* Paris, em 1866.
   ( ) *d)* Londres, em 1866.

2. A sociedade aeronáutica Aeroclub de France foi fundada em:
   ( ) *a)* Paris, em 1898.

( ) *b)* Londres, em 1898.
( ) *c)* Paris, em 1866.
( ) *d)* Londres, em 1866.

3. Samuel Langley pilotou alguns modelos de avião de certa potência, mas estes:
( ) *a)* Permaneceram no ar por 59 segundos.
( ) *b)* Não foram pilotados.
( ) *c)* Foram pilotados.
( ) *d)* Permaneceram no ar por 12 segundos.

4. Orville Wright:
( ) *a)* Nasceu em Millville, Indiana, em 16 de abril de 1867.
( ) *b)* Realizou em Kitty Hawk o primeiro vôo controlado.
( ) *c)* Voou a mais de 800 pés de altitude, permanecendo no ar por 59 minutos.
( ) *d)* Notou que as informações disponíveis sobre aerodinâmica eram fundamentadas.

5. Charles Lindbergh mereceu o título de "A Águia Solitária" em virtude de:
( ) *a)* Haver voado no *Spirit of St. Louis* entre Nova York e Paris.
( ) *b)* Haver estado no aeroporto de Roosevelt Field e em Le Bourget.
( ) *c)* Haver realizado um dos primeiros vôos controlados em Paris.
( ) *d)* Haver realizado o primeiro vôo sem escalas entre Nova York e Paris.

DIÁLOGOS

A. Diálogos entre os alunos de uma escola de Turismo.

Jorge: Porque Leonardo da Vinci é considerado o pioneiro da aviação?
José: Porque projetou um artefato para voar.
Jorge: Com o que contribuiu para a aviação, em 1805, o engenheiro britânico Cayley?
José: Com o projeto de um avião incluindo fuselagem, asas, timões de direção e profundidade, bem como propulsor.
Jorge: Que trouxe como conseqüência o aumento de adeptos à aviação no século XIX?
José: Trouxe como conseqüência a fundação de sociedades aeronáuticas, tais como a British Aeronautic Society e o Aeroclub de France.
Jorge: Que feito notável realizou Samuel Langley em novembro de 1896?
José: Em novembro de 1896, Samuel Langley fez voar alguns planadores de certa potência, que não tinham pilotos no comando.

Jorge: Quem projetou o primeiro avião controlado?

José: Os irmãos Wilbur e Orville Wright.

Jorge: Quais são as quatro forças sobre as quais os irmãos Wright reuniram seus próprios dados?

José: As quatro forças são: levantamento, peso, empuxo e resistência ao avanço.

B. Sandra e Tere, estudantes de uma escola de Turismo, conversam sobre a história da aviação.

Sandra: Por que Charles Lindbergh é importante para a aviação?

Tere: Porque foi o primeiro a cruzar o Atlântico em vôo sem escalas.

Sandra: Que título recebeu Charles Lindbergh depois de cruzar o Atlântico?

Tere: Recebeu o título de "A Águia Solitária".

Sandra: Em que data iniciou Lindbergh o vôo entre Nova York e Paris?

Tere: Lindbergh iniciou esta proeza em 20 de maio de 1927.

Sandra: Onde Lindbergh iniciou sua viagem à Europa e onde concluiu?

Tere: Lindbergh iniciou a viagem no aeroporto *Roosevelt Field* em Nova York e concluiu no aeródromo de *Le Bourget* em Paris.

Sandra: Como se chamava o avião no qual Lindbergh cruzou o Atlântico pela primeira vez?

Tere: O avião se chamava *Spirit of St. Louis*.

Sandra: Em que instrumentos se baseavam antigamente os pioneiros da aviação?

Tere: Os pioneiros da aviação se baseavam primeiramente em seus próprios instrumentos e nos desenvolvimentos da navegação marítima.

Capítulo 4

AVIAÇÃO COMERCIAL

A aviação comercial oferece ao público em geral grande variedade de serviços. Embora seja uma indústria muito recente, ocupa lugar muito importante na economia de muitas nações, por empregar centenas de indivíduos para atuar com pessoas e cargas que transporta.

Atualmente, existem muitos tipos de aviões, mas as linhas comerciais utilizam, em especial, aviões de hélice (*propeller*), jatos e, mais recentemente, supersônicos (Figs. 4.1 e 4.2).

Os serviços proporcionados pelas linhas aéreas são classificados em:

1. Vôos domésticos e vôos internacionais.
2. Vôos transcontinentais e serviços transoceânicos.
3. Linhas locais e linhas tronco (linhas fixas).
4. Vôos programados, vôos não-programados e ponte aérea.
5. Linhas filiadas à IATA e linhas não-filiadas à IATA.
6. Serviço de primeira classe e serviço de classe turística.
7. Serviço de passageiros e serviços de carga.

A primeira classificação é feita com base no território sobrevoado pela aeronave, ou seja, se considera vôo doméstico aquele realizado dentro de um mesmo país. Por exemplo, vôo realizado entre as cidades do México e Acapulco. O vôo internacional é o realizado entre dois países, por exemplo, vôo efetuado entre México, Madri ou Paris (Figs. 4.3 e 4.4).

Fig. 4.1. Avião supersônico Concorde.

Fig. 4.2. Avião a jato.

A segunda classificação atende aos vôos realizados dentro de um continente, ou seja, se considera vôo transcontinental o realizado dentro de um mesmo continente, sem atravessar o oceano e vôo transoceânico o que se realiza sobrevoando o oceano.

A terceira classificação é feita em função da importância e tamanho das populações e aeroportos que conectam as linhas aéreas. Linhas locais são aquelas

AEROMEXICO

MÉXICO-ACAPULCO

Vôo Equipamento Freqüência Classe	430 DC-8 Domingo Y	301 DC9-30 Diário Y	303 DC9-30 Diário Y	309 DC9-10 Diário Y	305 DC9-30 Diário Y	405 DC-8 Diário Y	307 DC9-10 Y	311 DC9-30 Diário Y	315 DC9-30 Diário Y	317 DC9-30 Diário Y	319 DC9-30 Sex-Dom Y	401 DC9-30 Diário Y	321 DC9-30 Sex-Dom Y	411 DC9-10 Diário Y
MÉXICO	07:00	07:15	09:40	11:30	12:05	12:45	14:00	15:40	17:00	20:05	21:55	22:35	22:45	22:55
ACAPULCO	07:50	08:00	10:25	12:15	12:50	13:35	14:45	16:25	17:45	20:50	22:40	23:20	23:30	23:40

Fig. 4.3. Vôos domésticos.

MÉXICO-MADRI-PARIS

410 DC-8 Diário Y	452 DC-10 Terça F/Y	450 DC-10 F/Y	Vôo Equipamento Freqüência Classe	451 DC-10 Qui-Sex-Sab F/Y	453 DC-10 Quarta F/Y	457 DC-10 Terça F/Y	411 DC-8 Diário Y
08:30	12:00	12:00	S MÉXICO C	21:40	16:55	21:45	15:30
			C CANCUN S			19:50	
			S CANCUN C			18:35	
13:30	16:50	16:50	C MIAMI S	20:45	16:00		14:30
	18:05	18:05	S MIAMI C	19:30	14:45		
	08:30	08:30	C MADRID S	16:45	12:00	16:45	
		09:45	S MADRID C	15:15		15:15	
		11:30	C PARIS S	13:20		13:20	

Fig. 4.4. Vôos internacionais.

que ligam populações pequenas com populações maiores, que dispõem de aeroportos maiores e linhas tronco são aquelas que operam entre centros populosos.

A quarta classificação refere-se aos vôos programados, ou seja, aqueles que saem com regularidade nos mesmos dias e horas, e da mesma origem para o mesmo destino. Os itinerários desses vôos são publicados pelas linhas aéreas em seus folhetos próprios e em publicações oficiais, como o OAG, que permitem ao passageiro fazer suas reservas com antecedência. Ainda com relação aos vôos programados, a empresa aérea pode agregar uma seção extra, considerando a demanda de espaço nos vôos em determinado momento. Os vôos não-programados referem-se aos aviões fretados por associações ou grupos e podem sair no dia, hora e destino que seja conveniente aos passageiros. Esses vôos são conhecidos como *charters*.

As pontes aéreas referem-se ao serviço contínuo prestado pela companhia aérea, sobretudo em vôos curtos, por exemplo entre as cidades do México e

Acapulco. Este tipo de serviço é viável graças à grande afluênica de passageiros. Nesses casos, o passageiro não tem de fazer reserva antecipada, podendo comprar o bilhete na sala de espera de vôo ou mesmo a bordo do avião.

A quinta classificação refere-se às linhas aéreas que são filiadas à associação internacional de viagens aéreas (IATA) e as que não são. As linhas aéreas filiadas à IATA devem obedecer às normas estabelecidas por ela, ao passo que os não-filiados estão isentos de fazê-lo.

A sexta classificação é em função dos serviços que o passageiro recebe a bordo. Por exemplo, na primeira classe a disposição dos assentos é de dois em dois ao lado do corredor e bem separados entre si para proporcionar ao passageiro mais espaço para suas pernas. Os alimentos servidos também são de alta qualidade e as bebidas estão incluídas no preço. Obviamente, o preço é muito mais alto que o da classe turista. Nesta, diferente da primeira classe, a disposição dos assentos é de três para cada lado, a qualidade dos alimentos é inferior à da primeira classe e as bebidas cobradas à parte.

A sétima e última classificação refere-se ao fato de que as linhas aéreas não prestam serviços exclusivamente a passageiros, mas também transportam carga tanto em vôos programados como em vôos não-programados. Existem unidades projetadas para transportar carga, ainda que os aviões para passageiros, em dado momento, possam servir para ambos os serviços.

Na Figura 4.5 aparece um organograma geral de uma linha aérea comercial, que pode apresentar pequenas variações de uma linha aérea a outra.

EXERCÍCIOS

I. Complete as frases com a palavra adequada

1. A aviação comercial atualmente oferece ao ____________________ grande variedade de ____________________.
2. A aviação comercial também ocupa na atualidade lugar muito importante na ____________________ de muitos ____________________.
3. Os aviões usados na aviação comercial nos dias de hoje são os ____________________ e os ____________________.
4. As linhas aéreas proporcionam serviço a ____________________ e serviços de ____________________.
5. Os vôos ____________________ são aqueles que se realizam dentro de um mesmo ____________________.
6. Os vôos ____________________ são aqueles realizados entre dois ou mais ____________________.

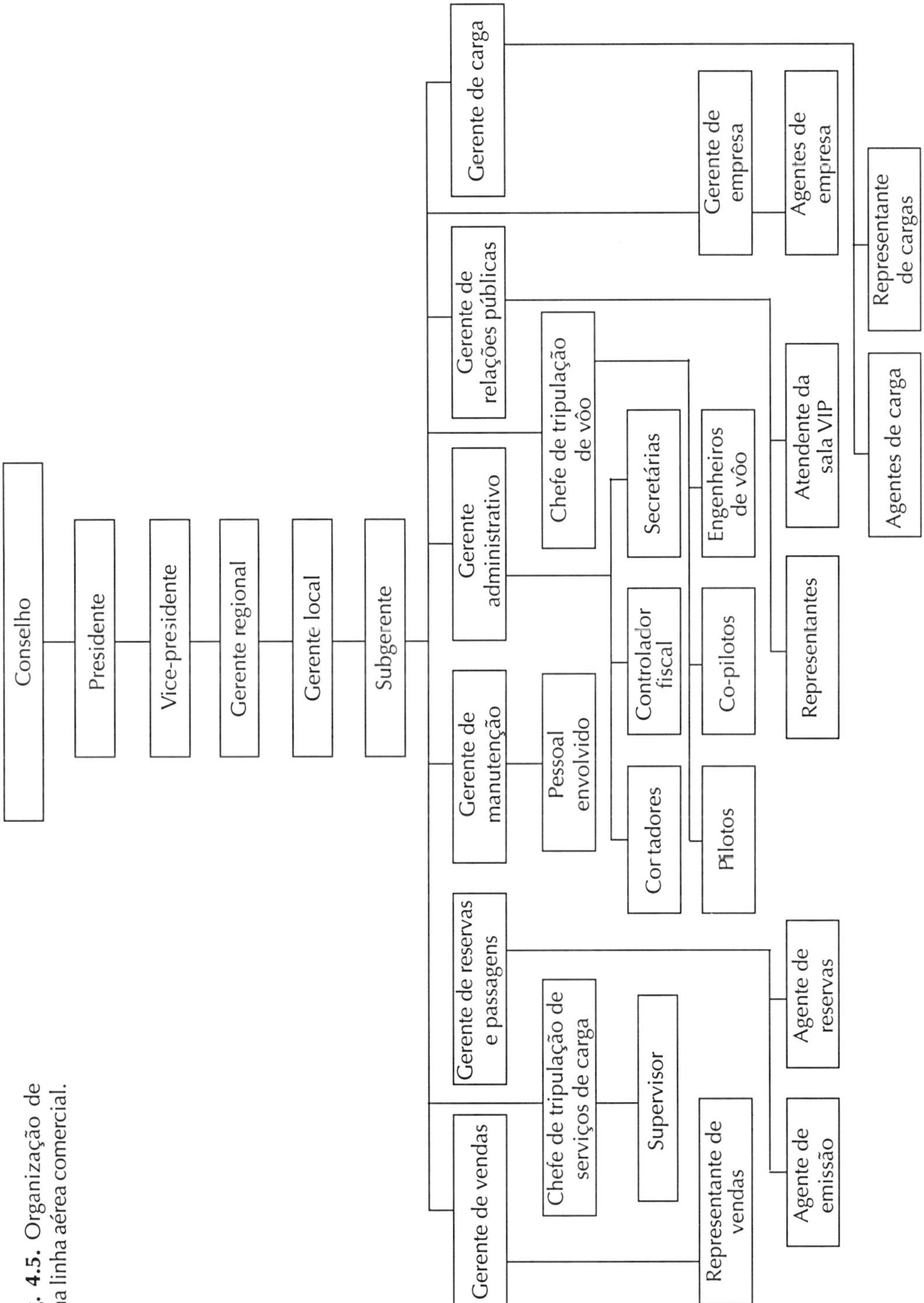

Fig. 4.5. Organização de uma linha aérea comercial.

7. Os vôos programados são aqueles que saem com ____________________, ou seja, os mesmos dias, horas e da mesma origem ao mesmo ____________________.
8. Os vôos programados são publicados nos ____________________ das linhas aéreas e em publicações ____________________.
9. As ponte aéreas obedecem a grande demanda de____________________ dos ____________________.
10. As linhas tronco são aquelas que operam entre ____________________ populosas.

II. Responda às seguintes perguntas

1. Por que a aviação comercial está ocupando lugar tão importante na economia de muitos países?

____

____.

2. As linhas aéreas comerciais utilizam que tipo de aviões?

____.

3. Quais são os vôos transcontinentais?

____.

4. Quais são os vôos transoceânicos?

____.

5. Quais são as linhas locais?

____.

6. Quais são as linhas tronco?

____.

7. Qual é a diferença entre a primeira classe e a classe turista?

____

____.

8. Quem geralmente contrata os aviões *charter*?

____

9. Que é ponte aérea?

____

____.

10. Quais os outros serviços que as linhas aéreas comerciais oferecem, além do serviço de passageiros?

____

____.

III. Coloque nos parênteses a letra correspondente à palavra que completa a frase adequadamente

1. A aviação comercial atualmente oferece ao público grande variedade de ( ).
2. A aviação comercial é uma indústria muito ( ).
3. A aviação comercial ocupa lugar muito importante na economia de muitos ( ).
4. As linhas aéreas possuem funcionários para atuar com passageiros e ( ).
5. Os dois tipos de avião mais utilizados na aviação comercial são *propeller* e o ( ).
6. Vôo doméstico é aquele realizado dentro de um mesmo ( ).
7. Vôo que se realiza entre dois ou mais países é um vôo ( ).
8. Os vôos que se realizam sobrevoando o oceano são vôos ( ).
9. Os vôos que se realizam sobrevoando o oceano são vôos ( ).
10. As linhas que ligam populações pequenas com outras maiores são linhas ( ).

A. Recente
B. Transcontinentais
C. Transoceânicos
D. Locais
E. Antiga
F. Serviços
G. Carga
H. Jato
I. Países
J. Tronco
K. Internacional
L. Primeira
M. País

IV. Assinale a opção que considerar correta

1. Vôo doméstico é aquele que se realiza:
   ( ) *a)* Entre dois países.
   ( ) *b)* Entre Estados Unidos e México.
   ( ) *c)* Dentro de um mesmo país.
   ( ) *d)* Entre três países.

2. Os vôos programados são aqueles que:
   ( ) *a)* São fretados pelas associações podendo sair no dia, hora, lugar de origem e destino que melhor convenha aos passageiros.
   ( ) *b)* Prestam serviços continuamente, em particular, em vôos curtos, por exemplo, entre a cidade do México e Acapulco.
   ( ) *c)* Saem a quaisquer dias, horas e da mesma origem ao mesmo destino.
   ( ) *d)* Saem regularmente nos mesmos dias, horas e da mesma origem ao mesmo destino.

3. Na ponte aérea:
   ( ) *a)* O passageiro não tem de fazer reserva antecipadamente.
   ( ) *b)* O passageiro compra seu bilhete em agência de viagem.
   ( ) *c)* O passageiro deve reservar o vôo com muita antecipação.
   ( ) *d)* O passageiro costuma utilizar-se deste serviço para vôos de longa duração.

4. Na primeira classe:
   ( ) *a)* As bebidas são cobradas à parte.
   ( ) *b)* A disposição dos assentos é de dois a cada lado.
   ( ) *c)* A qualidade dos alimentos é inferior à da classe turística.
   ( ) *d)* A disposição dos assentos é de três a cada lado.

5. Na classe turista:
   ( ) *a)* As bebidas estão incluídas no preço.
   ( ) *b)* A disposição dos assentos é de três para cada lado.
   ( ) *c)* A disposição dos assentos é de três de cada lado.
   ( ) *d)* Os assentos estão mais separados que na primeira classe.

DIÁLOGOS

A. O Sr. Osório viajará a Paris e está no escritório de passagens da Air France.

Sr. Osório: Desejo fazer uma reserva para Paris.
Funcionário: Para quando?
Sr. Osório: Para quatro de agosto.
Funcionário: Em primeira classe ou classe turista?
Sr. Osório: Qual é a diferença entre elas?
Funcionário: Bom, praticamente a diferença está no serviço que o passageiro recebe a bordo.
Sr. Osório: Qual é esta diferença?

Funcionário: Na primeira classe, a disposição dos assentos é de dois para cada lado do corredor, estando, portanto, muito separados entre si, para melhor comodidade do passageiro.

Sr. Osório: São as únicas diferenças?

Funcionário: Não, claro. Na primeira classe os alimentos são de melhor qualidade que os da classe turística e as bebidas estão incluídas no preço.

Sr. Osório: Cerca de quanto deveria pagar adicionalmente caso viaje em primeira classe?

Funcionário: Aproximadamente tantos dólares adicionais.

Sr. Osório: É muito, vou em classe turista.

B. Um casal que deseja festejar seu aniversário de casamento em Acapulco, encontra-se no guichê da Aeroméxico no aeroporto querendo pegar o primeiro vôo, mas não fizeram reserva com antecedência.

Passageiro: Aqui estão nossas passagens, queremos sair com destino a Acapulco no próximo vôo, o das 7:35h.

Funcionário: Impossível, senhor. Nosso vôo 319 está totalmente lotado.

Passageiro: Não é possível. Ganhamos estas passagens como presente de meus pais pelo nosso aniversário de casamento para este vôo.

Funcionário: Mas, o senhor se esqueceu de confirmar a saída e como nosso pessoal não conseguiu localizá-lo, cancelaram sua reserva.

Passageiro: Que pena! E agora, que podemos fazer?

Funcionário: Não se preocupe que o seu problema tem solução. Nesta época a Aeroméxico costuma colocar ponte aérea entre México e Acapulco em virtude da grande procura.

Passageiro: Não sei o que é ponte aérea.

Funcionário: É um serviço contínuo que as linhas aéreas prestam.

Passageiro: Ainda bem. Pensei que nossa viagem estaria frustrada. Agora aprendi uma lição, que os vôos nacionais devem ser confirmados pelo menos 24 horas antes da saída.

Funcionário: Isso mesmo, e fico feliz em poder solucionar desta vez seu problema, pois na ponte aérea não há necessidade de fazer reserva.

Passageiro: São feitas para todas as rotas?

Funcionário: Não, geralmente somente para vôos curtos.

Capítulo **5**

ORGANIZAÇÕES

Ao abordar este tema se faz necessária referência a importante elemento que constitui parte do objetivo do turista, ou seja, a supra-estrutura. Definida como o conjunto de organizações públicas e privadas que regulam, fomentam e/ou coordenam a atividade turística. A supra-estrutura turística se divide em:

1. Organizações governamentais e
2. Organizações não-governamentais.

As organizações governamentais se subclassificam em:

Organizações nacionais de turismo

SECTUR

A Secretaria de Turismo do México é uma organização nacional. A lei de Secretarias e Departamentos de Estado, promulgada em 24 de dezembro de 1958, estabeleceu a criação do Departamento Autônomo de Turismo como órgão subordinado ao Poder Executivo. O Departamento de Turismo foi transformado em Secretaria de Turismo pelo Decreto de 30 de dezembro de 1974, cuja sede está localizada na cidade do México.

Instituições governamentais de apoio

FONATUR

Fundo Nacional de Fomento ao Turismo (México), criado e operado em conformidade com as normas contidas na Lei Federal de Fomento ao Turismo em 29 de dezembro de 1973. Tem como objetivo assessorar, desenvolver e financiar planos e programas de incentivo ao turismo.

Organizações internacionais

OMT

Organização Mundial de Turismo. Sua antecessora foi uma organização fundada em Haia em 1925 e denominada Congresso Internacional das Associações Oficiais de Propaganda Turística. Anos mais tarde, em 1927, mudaram seu nome para Congresso Internacional das Associações Oficiais de Propaganda Turística. Depois da Segunda Guerra Mundial, este organismo se reestruturou sob o nome de União Internacional de Organismos Oficiais de Turismo (UIOOT), com sede em Genebra, Suíça.

O objetivo fundamental da Organização consiste em promover o desenvolvimento do turismo, para ajudar o desenvolvimento econômico, a compreensão internacional, a paz, a prosperidade, o respeito universal e a observância dos direitos humanos, bem como as liberdades fundamentais para todos, sem distinção de raça, sexo, língua ou religião

DAC

Departamento de Aviação Civil. Esta organização internacional surgiu como resposta aos seguintes antecedentes:

Em conseqüência do intenso tráfego aéreo na Europa. As linhas aéreas de importância internacional nesse continente se reuniram com o objetivo de unificar a exploração do tráfego aéreo, e em 1919 foi criada em Haya a primeira organização para este fim.

Mesmo antigamente, as empresas européias que integravam este organismo (fato que colaborou com o protecionismo europeu) foram juntando-se a outras companhias não-européias, abrindo o caminho para as empresas multinacionais, e ao final da Segunda Guerra Mundial, os Estados Unidos convocaram uma junta internacional com o objetivo de estabelecer um conjunto de acordos que envolvesse grande número de países para conseguir o controle de segurança, rapidez, economia e eficácia da navegação aérea no campo da aviação civil. Em virtude disto, foi realizada em Chicago uma conferência de 1° de novembro a 7 de dezembro de 1944, criando-se o Departamento de Aviação Civil (DAC). O DAC é uma organização oficial das Nações Unidas, em que seus membros procuram uniformizar as práticas de segurança e as leis relativas a transportes internacionais.

Este programa cuja sede está em Montreal, Canadá, preparou a criação da Associação Internacional de Viagens Aéreas (IATA).

As organizações não-governamentais se subclassificam em:

Associações profissionais

AMAV

A Associação Mexicana de Agências de Viagens, A. C., foi fundada em 1945 com o objetivo de:

a) Incrementar a oferta visando o crescimento.
b) Desenvolver a capacitação de recursos humanos para operar a nova oferta.
c) Incrementar a promoção para que a nova oferta seja rentável.

Associação de usuários

AMA

A associação Mexicana Automobilística é uma instituição civil não-lucrativa a serviço do automobilista mexicano. Fundada em 1929, com as seguintes funções: auxílio viário, tramitação de todo tipo de documentos relacionados com o automóvel, promoção do turismo e do automobilismo em suas muitas e variadas especialidades.

Associações internacionais

IATA

Associação Internacional de Viagens Aéreas é uma organização oficial de filiação voluntária e da qual quase todas as companhias internacionais são membros.

Esta organização tem como objetivo assegurar que todos seus membros, ou seja, as companhias aéreas, agências de viagens e de carga de todo o mundo, mantenham o mesmo padrão de segurança, economia e serviço ao público.

Atualmente, as tarifas de transporte aéreo das rotas internacionais estão padronizadas, bem como serviço de alimentos, disponibilidade e custo do serviço de projeção de filmes a bordo.

A IATA foi criada em 18 de dezembro de 1945 como uma sociedade canadense, registrada em Montreal, onde está sua sede central. Tem também escritórios em Nova York e Genebra e uma câmara de compensação em Londres e Nova York para facilitar o acerto de contas entre as companhias de transportes.

FUAAV

Federação Universal de Associações de Agências de Viagens. Organizada em Bruxelas, na Bélgica, em 1919, para:

a) Examinar e manter os interesses profissionais das associações de agências de viagens filiadas, com o objetivo de propiciar mais benefícios a seu favor e melhores condições de operação.
b) Proporcionar a seus integrantes orientação relativa a assuntos profissionais e turísticos de sua competência.
c) Desempenhar a função de consultora e assessora entre organizações internacionais em tudo aquilo que se relacione com as atividades profissionais das agências em nível mundial.

EXERCÍCIOS

I. Complete as frases com a palavra adequada

1. A ____________________ é elemento importante que constitui parte do objetivo do____________________ .
2. A supra-estrutura está constituída por um conjunto de organizações ____________________ e ____________________.
3. As organizações que constituem a supra-estrutura ____________________ e ____________________ a atividade artística.
4. A supra-estrutura turística se divide em organizações ____________________ e ____________________ .

5. As organizações governamentais se subclassificam em organizações ________________ de turismo, instituições ________________ de apoio e organizações internacionais.
6. ________________ é uma ________________ nacional de turismo.
7. ________________ é uma instituição governamental de ________________.
8. FONATUR tem como objetivo assessorar, desenvolver e ________________ planejamentos e programas de ________________ ao turismo.
9. O Congresso Internacional das Associações Oficiais de Propaganda Turística foi o primeiro antecessor da ________________ .
10. A sigla OMT significa ________________________________.

II. Responda às seguintes perguntas

1. Em que continente foi criada a primeira instituição para unificar a exploração das linhas aéreas?

____

____.

2. Em que país, em que cidade e em que data foi convocada uma junta internacional para estabelecer um conjunto de acordos?

____

____.

3. Quais são as funções do DAC?

____

____.

4. Qual a data de formação da IATA?

____

____.

5. Quais são as funções da IATA?

____

____.

6. Em que cidade está localizada a sede da IATA?

____

____.

7. Em que cidades a IATA tem câmara de compensação?

____

____.

8. Qual é o objetivo da câmara de compensação?

____

____.

9. Quais as funções da FONATUR?

____

____.

10. Qual é o objetivo fundamental da Organização Mundial de Turismo?

____

____.

III. Coloque nos parênteses a letra correspondente à palavra que completa a frase

1. As empresas integrantes da primeira organização criada eram ( ).
2. Para estabelecer um conjunto de acordos, os Estados Unidos convocaram uma junta ( ).
3. O DAC, com sede em Montreal, no Canadá, é uma organização ( ).
4. A IATA, com sede em Montreal, no Canadá, é uma organização ( ).
5. A filiação à IATA é ( ).
6. As tarifas de transportes aéreos estão atualmente ( ).
7. A AMAV é a Associação Mexicana de Agências de ( ).
8. Em 1919 foi criada a FUAAV em ( ).
9. A supra-estrutura está integrada por um conjunto de ( ).
10. Por decreto de 30 de dezembro de 1974, o Departamento de Turismo se transformou em ( ).

A. Viagens
B. Bruxelas
C. Organizações
D. Secretaria
E. Européias
F. Oficial
G. Americanas
H. Internacional
I. Não-oficial
J. Voluntária
K. Padronizadas
L. Obrigatória
M. Conveniente

DIÁLOGOS

A. Um professor conversa com seus alunos durante uma aula sobre o tema de organizações.

Professor : (Dirigindo-se a um de seus alunos): Mário, você se lembra em que ano e onde foi criada a primeira organização de importância internacional?

Mário: Sim, creio que em Haia, mas não me lembro o ano.

Professor: Certo. Quem recorda o ano?

Carlos: Eu posso dizer. A primeira organização foi criada em Haia no ano de 1919.

Professor: Exatamente, e não se esqueça que posteriormente os Estados Unidos convocaram uma junta internacional.A propósito, alguém poderia me dizer qual o propósito desta junta internacional?

Mário: Sim, o objetivo era estabelecer um conjunto de acordos de caráter internacional, para conseguir controle de segurança, rapidez, economia e eficácia da navegação aérea no campo da aviação civil.

Professor: (Dirigindo-se a Mário): Lembra-se em que dia e onde se realizou a conferência?

Mário: A conferência foi realizada em Chicago de um a sete de dezembro de 1944.

Professor: Muito bem.

Mário: Também quero acrescentar que esta conferência trouxe como conseqüência, a criação da organização civil internacional.

Professor: (Dirigindo-se a Carlos): Carlos, o que você pode me dizer sobre esta organização?

Carlos: Bom, o DAC é uma organização oficial das Nações Unidas, em que seus membros ajudam a padronizar as práticas de segurança e as leis relativas a transportes internacionais. A sede desta organização está em Montreal, no Canadá.

Professor: Exatamente. Podemos falar agora sobre a IATA?

Carlos: Claro que sim. Esta associação internacional de transporte aéreo é uma organização não-oficial, de filiação voluntária, embora quase todas as companhias internacionais sejam membros. A função da IATA é assegurar que todos os seus membros mantenham o mesmo padrão de segurança, economia e serviço ao público.

B. Duas amigas que viajam de Paris ao México se encontram no aeroporto ao embarcar suas malas.

Elba: Oi, Irma, que surpresa nos encontrarmos em Paris.

Irma: É verdade, estou na Europa há três semanas em viagem de lazer. E você o que faz neste país?

Elba: Bom, fui convidada para assistir a um congresso relacionado com minha profissão.

Irma: Que interessante. Imagina que estou preocupada porque acho que tenho excesso de bagagem. Você sabe qual é o peso permitido?

Elba: Claro, eu viajo com muita freqüência. Você está em primeira classe ou classe turista?

Irma: Viajo na classe turista.

Elba: Veja, segundo o que estabelece a IATA, na classe turista permitem o máximo de 29 quilos. Na primeira classe permitem levar até 30 quilos. O que você acha?

Irma: Que eu acho? Parece que vou ter de pagar excesso de bagagem porque fiz muitas compras nesta viagem à Europa. Sabe quanto teria de pagar de excesso?

Elba: Sim, te cobrarão 1% da tarifa de primeira classe por cada quilo de excesso.

Irma: Que problema! Não sei o que fazer se o dinheiro que me resta não for suficiente para pagar o excesso de bagagem. Imagine você que levo dez quilos a mais.

Elba: Não há duvida de que foi uma sorte ter-me encontrado, Irma. Minha bagagem é de apenas 10 quilos. Se nos juntarmos serão 40 quilos para as duas e você não terá de pagar excesso.

Irma: Não sabe o quanto agradeço sua ajuda, nao sei o que teria feito se não a houvesse encontrado.

Capítulo 6

RELAÇÕES PÚBLICAS

Relações públicas podem ser definidas como o processo por meio do qual a companhia alcança boa reputação e utiliza os meios apropriados para que o público a conheça. Na aviação comercial, talvez mais que em nenhum outro ramo moderno, as relações públicas desempenham papel de grande importância se levarmos em consideração o volume e a qualidade do público ao qual serve, bem como a necessidade básica de criar e manter uma imagem de aceitabilidade com este mesmo público. Das pessoas que viajam depende a sobrevivência das linhas aéreas em todo o mundo. Uma correta e eficiente atitude neste setor trará benefícios presentes no aumento do volume de vendas, e maior aceitação da companhia no meio em que se desenvolve; simpatia cada vez maior para com a companhia, da qual o membro da empresa se sente orgulhoso em pertencer. As relações públicas representam para a companhia o que o caráter e a boa reputação representam para o indivíduo. Esses fatores estão unidos porque a reputação é resultante de bom caráter.

Pelo que foi dito, o mundo comercial em que se encontra o transporte aéreo é bastante competitivo, sendo imprescindível criar, por intermédio das relações públicas, boa reputação e personalidade que definam a imagem da empresa diante do público consumidor e estabeleça campo de solidez, seriedade e responsabilidade. Um sorriso, uma voz agradável, um gesto amável, têm grande valor para fazer, em termos gerais, o trabalho do pessoal das companhias aéreas mais prazeroso e, particularmente, para aqueles que têm contato com o público que viaja.

Funções específicas. As funções fundamentais de um representante de relações públicas em uma companhia aérea são:

Conservar as boas relações entre a companhia que representa e as demais companhias que a favorecem como as agências de viagens, as que representam grande potencial e fonte de lucros para a empresa. São importantes também a venda de espaços, hotéis, companhias marítimas, empresas industriais e, em conseqüência, todos aqueles personagens que se consideram chave para a companhia aérea.

Para incrementar essas boas relações, o representante organiza periodicamente coquetéis e convida os dirigentes e pessoas-chaves das companhias para falar dos serviços que presta à companhia. Também projetar filmes coloridos sobre o mesmo tema, praticando, assim, a política interna da companhia (Fig. 6.1).

Dessa maneira, estará em contato direto e constante com a imprensa, com o objetivo de publicar e anunciar os coquetéis mencionados, bem como notícias importantes como a criação de novas rotas ou saída de vôo inaugural, em que somente viajam os agentes de viagem, pessoas-chave na qualidade de convidados especiais da companhia aérea, funcionários de outras companhias que integram o grupo de companhias de lazer interligadas, personalidades que saem ou chegam pelas companhias aéreas, etc. Nesse caso, o representante de relações públicas notifica as estações envolvidas, bem como a chefia de supervisão, sobre a presença de passageiros importantes, a fim de que recebam tratamento especial.

O representante de relações públicas recorta e guarda para arquivo, todas as publicações em que a empresa aparece.

Também existe estreita reação com a sala VIP e com o pessoal que ali trabalha. A sala VIP, que existe em todos os aeroportos, é um salão no qual o passageiro pode descansar. Tem televisão, bebidas, etc.

Fig. 6.1. O departamento de relações públicas de uma companhia aérea mantém boas relações com outras companhias que a favorecem.

EXERCÍCIOS

I. Complete as frases com a palavra adequada

1. Um sorriso ou um gesto amável faz o trabalho do ________________ das companhias aéreas mais ________________
2. Para incrementar as boas relações, o representante ________________ periodicamente ________________.
3. Durante os coquetéis se ________________ sobre os serviços da ________________.
4. O representante está em ________________ direto e constante com a ________________.
5. Na imprensa se ________________ os coquetéis e as ________________ importantes.
6. As notícias importantes podem ser a criação de novas ________________ ou a saída de um ________________ inaugural.
7. Costuma-se convidar para vôos inaugurais os ________________ de viagem chaves para a ________________.
8. Na imprensa é costume publicar-se o nome das ________________ que saem ou ________________ pelas companhias aéreas.
9. Quando viajam personalidades, o representante ________________ a presença de passageiros importantes às ________________ envolvidas.
10. Aos passageiros ________________ é costume dar-se um ________________ especial.

II. Responda às seguintes perguntas

1. Onde se localiza a sala VIP?

____

____.

2. Qual é o objetivo da sala VIP?

____

____.

3. Quais os integrantes de um grupo de companhias de lazer interligadas?

____

____.

4. Quem notifica à chefia de supervisores a presença de passageiros importantes?

____

____.

5. Qual o assunto das conversas nos coquetéis?

____

____.

6. Com quais companhias o departamento de relações públicas deve manter boas relações?

____

____.

7. Qual é o objetivo em colocar em contato o departamento de relações públicas e a imprensa?

____

____.

8. A sobrevivência das linhas aéreas depende de quê?

____

____.

9. Que tipo de companhias em particular representam grande potencial para as companhias aéreas?

____

____.

10. Que outras atividades costumam se desenvolver durante as conversas nos coquetéis?

____

____.

III. Coloque nos parênteses a letra que corresponde à palavra que completa a frase adequadamente

1. Pelo departamento de relações públicas se cria uma boa ( ).
2. A companhia aérea estabelece por intermédio do departamento de relações públicas boas relações com outras companhias que a ( ).
3. Um sorriso e um gesto amável costumam tornar o trabalho das pessoas mais ( ).
4. O representante costuma estar em contato com a imprensa com o objetivo de publicar notícias ( ).
5. As personalidades que viajam em companhias aéreas recebem tratamento ( ).
6. O representante guarda os recortes de jornal para seu ( ).
7. A sala VIP é uma sala onde o passageiro poderá ( ).
8. É importante que a boa reputação da companhia aérea seja conhecida e reconhecida pelo ( ).
9. A imagem da companhia aérea estabelece diante do público consumidor solidez e ( ).
10. Os benefícios das atitudes eficientes do departamento em questão se refletem em maior volume de ( ).

A. Vendas
B. Seriedade
C. Reputação
D. Prejudicam
E. Favorecem
F. Público
G. Arquivo
H. Prazeroso
I. Descansar
J. Exagerado
K. Especial
L. Fácil
M. Importantes

IV. Assinale a opção que considerar correta

1. As relações públicas podem ser definidas como:
   ( ) *a)* O processo de utilizar o público para conseguir conhecer e reconhecer uma boa reputação.
   ( ) *b)* O processo de conseguir uma boa reputação e depois utilizar os meios apropriados para que o público a conheça e reconheça.
   ( ) *c)* O bom processo que o público conhece e reconhece depois de utilizar uma reputação com base nos meios adequados.
   ( ) *d)* O processo de atingir o público que utiliza a boa reputação para conhecer e reconhecer os meios.

2. As relações públicas na aviação têm vital importância considerando:
   ( ) *a)* Tanto o volume e a qualidade do público quanto a necessidade de criar e sustentar uma boa imagem neste.
   ( ) *b)* Tanto o volume quanto a qualidade do público quanto a necessidade de criar e sustentar uma boa imagem dentro dele.
   ( ) *c)* Tanto o volume quanto a qualidade do público para criar uma mesma imagem.
   ( ) *d)* Tanto o volume quanto a necessidade de criar um público, sustentando uma boa imagem deste.

3. A sobrevivência das companhias aéreas depende:
   ( ) *a)* Da viagem pelo mundo de algum público.
   ( ) *b)* Das viagens do público pelo mundo em uma companhia aérea.
   ( ) *c)* Do público de todo mundo que viaja.
   ( ) *d)* Do volume de vendas de uma companhia aérea.

4. O maior volume de vendas se deve:
   ( ) *a)* Ao orgulho de cada membro da empresa em questão.
   ( ) *b)* Ao resultado do caráter de cada eficiente membro em questão.
   ( ) *c)* A melhor aceitação corrigindo eficientemente ao departamento em questão.
   ( ) *d)* Ao correto e eficiente trabalho do departamento em questão.

5. As relações públicas equivalem:
   ( ) *a)* A um indivíduo com caráter.
   ( ) *b)* Ao caráter e à boa reputação para um indivíduo.
   ( ) *c)* Ao caráter e à reputação.
   ( ) *d)* Ao caráter e à má reputação para um indivíduo.

DIÁLOGOS

A. O Senhor Gonzalez, gerente de relações públicas de uma importante companhia aérea, dá instruções a sua secretaria, a senhorita Reis, para terminar alguns trabalhos do departamento em questão.

Sr. Gonzalez: Senhorita Reis, arquive, por favor, estes recortes da imprensa no arquivo correspondente.

Srta. Reis: Claro, algo mais?

Sr. Gonzalez: Sim, a propósito de imprensa, ligue à Excelsior, enquanto eu faço uma redação e peça um repórter, pois hoje às 8:00h chega o gerente da General Motors, vindo de Paris, e preciso que seja entrevistado.

Srta. Reis: Com muito prazer, agora mesmo chamarei a Excelsior. (O Sr. Gonzalez termina sua redação e a srta. Reis liga para a Excelsior.)

Sr. Gonzalez: (Dirigindo-se à srta. Reis): Chamou a Excelsior?

Srta. Reis: Sim, me disseram que o repórter estaria no aeroporto antes da chegada do vôo. Ele fará um contato com os senhores no balcão da companhia aérea.

Sr. Gonzalez: Ótimo. Agora quero pedir que digite esta redação para fazer cem cópias dela.

Srta Reis: São os convites para o coquetel do próximo mês?

Sr. Gonzalez: Sim, quero que você vá ao arquivo de cartões das agências de viagens, os nomes dos gerentes e os do pessoal-chave de cada agência, e enderece os envelopes dos convites.

Srta Reis: Com muito prazer. Poderia me dizer se tem preparada alguma exibição de filme durante o coquetel, para providenciá-la rapidamente?

Sr. Gonzalez: Sim. Que boa lembrança. Creio que seria oportuno projetar "Europa seleta". O que você acha?

Srta. Reis: Bem pensado, porque além de apresentar os serviços de nossa companhia, é um documentário muito bonito e interessante sobre os atrativos turísticos das principais capitais européias.

B. Duas funcionárias de uma agência de viagens fazem comentários durante um coquetel oferecido pela Aeroméxico, depois de ter visto a projeção do sistema multimídia.

Sandra: O que você achou da projeção?

Lilian: Muito interessante e o sistema multimídia, fabuloso.

Sandra: Sim, a projeção de imagens está muito bem coordenada com a gravação, tanto do narrador, como com a música de fundo.

Lilian: Sem dúvida.

Sandra: No ano passado tive oportunidade de voar com eles do México a Madri, a convite para uma viagem de familiarização.

Lilian: Que interessante! A propósito, você sabia que esta noite a Aeroméxico sorteará várias passagens de avião entre os convidados ao coquetel?

Sandra: Bom, isto não me surpreende, quase sempre oferecem passagens e não é só isso, também malas e outras coisas.

Lilian: Fiquei sabendo que cada prêmio inclui duas passagens, pagas, ida e volta, com alimentação para duas pessoas em Acapulco. Não é maravilhoso?

Sandra: Claro que sim. Não resta dúvida que existem certos atrativos em trabalhar em uma agência de viagens. Não é?

Lilian: Claro, eu penso que nunca mudaria deste emprego.

Capítulo 7

DEPARTAMENTO DE VENDAS

O departamento de vendas é um dos pilares das companhias aéreas. Obviamente, a existência da companhia aérea depende da demanda de lugares por parte do público que viaja. Em conseqüência, nessas empresas existe sempre um departamento de vendas perfeitamente organizado, que é dirigido por um gerente de vendas, que tem como principal responsabilidade oferecer e realizar a venda de lugares em vôos, conseguindo isto com os seguintes recursos: emprego de representantes de vendas (passagem e carga), agente de emissão de bilhetes e agente de carga, além de meios de propaganda e divulgação.

O gerente de vendas se ocupa também em criar e conservar as boas relações com outras companhias que favorecem a empresa, tais como agências de viagens, agências de cargas, outras companhias aéreas e importantes empresas comerciais. Por essa razão organiza periodicamente coquetéis e convivências em geral, para os quais costuma convidar o pessoal-chave da empresa. Durante os convívios, além de promover as boas relações com essas pessoas, faz também apresentação dos serviços que a companhia aérea proporciona, por conferências, projeção de filmes ou *slides*, multimídia, etc. O gerente de vendas assessora e supervisiona constantemente o pessoal que dele depende (Fig. 7.1):

Representantes de vendas. Este pessoal é classificado com base no lugar e tipo de empresas que visitam e dependendo do tamanho da companhia aérea, em representantes de vendas para:

1. Agências de viagens
2. Agências de carga
3. Empresas comerciais
4. Linhas coligadas
5. Estrangeiro

Fig. 7.1. Organograma do departamento de vendas

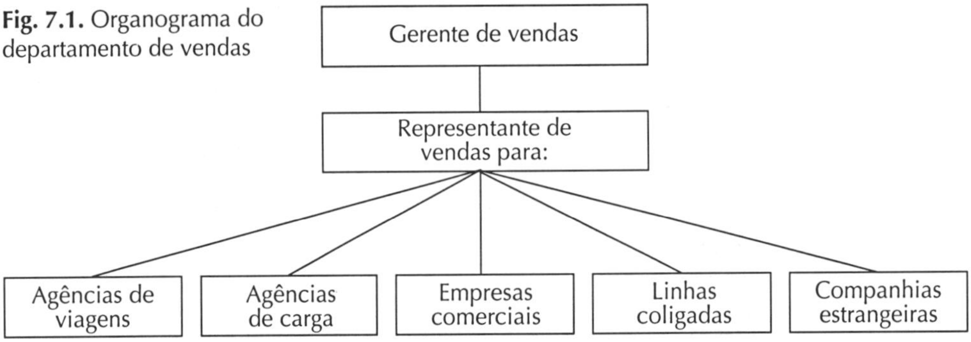

Características. Em geral são rapazes que desempenham estes postos, embora algumas empresas contratem também moças. Essas pessoas contam com formação média ou superior (pelo menos) e também cultura geral, domínio do idioma inglês (além do próprio idioma), em virtude da importância que este idioma tem para o meio turístico.

O futuro representante de vendas é designado para desempenhar a função em questão, recebe curso de vendas e tráfego, normalmente na cidade onde estão os escritórios da matriz, ou em modernas e cômodas instalações com todos os elementos adequados para oferecer este treinamento.

A duração desse curso é variável, dependendo da companhia aérea, mas leva em torno de quatro semanas e inclui o seguinte:

1. Conhecimento dos diferentes manuais.
2. Familiaridade com as chaves das companhias aéreas, cidades e aeroportos.
3. Elaboração de tarifas.
4. Aplicação de estratégias para efeito de vendas.
5. Familiaridade com os papéis da companhia aérea (incluindo bilhetes, ordem de câmbio, etc.).
6. Instruções sobre a rede de companhias e de outras empresas que possuam rotas que possibilitem conexão.
7. Conhecimento das rotas de companhias competidoras.
8. História da companhia aérea.
9. Familiaridade com o sistema e política interna da companhia.

As funções do representante de vendas são, principalmente, promover a venda de espaços ou transporte de carga nos vôos da companhia a qual representa, por meio de constante contato com as companhias pelas quais se efetuam propriamente as vendas, tais como as agências de viagens ou carga, bem como importantes empresas comerciais e outras empresas aéreas.

Esses representantes proporcionam ao pessoal idôneo das empresas mencionadas, assessoramento constante sobre tarifas, rotas e conexões da companhia, pacotes que envolvem a companhia aérea, podendo ser oficiais ou particulares. Promovem também o transporte de grupos diversos como: clubes, associações, escolas, etc., que podem visar recreação ou para participar de eventos ou cursos. Estão incluídos também os grupos étnicos, mesmo que viajem em seu próprio país. O representante mantém as boas relações com as pessoas-chave das companhias, obtendo mensalmente importância em dinheiro das companhias, para fazer convites e oferecer presentes a quem considere oportuno.

Agentes de emissão de bilhetes. Este pessoal trabalha permanentemente nos escritórios de emissões, mesmo os que estão distribuídos em diferentes pontos da cidade, como em importantes avenidas, grandes hotéis, *shopping centers*, aeroportos, etc. Atendem exclusivamente ao público que procura esses escritórios e ao contrário dos representantes de vendas, não têm de fazer promoções nem visitar outras empresas.

Agentes de carga. Trabalham em escritórios especiais, geralmente em aeroportos. Seu trabalho principal é documentar a carga, ou seja, preencher os papéis necessários que incluem guias e descrição de carga. Certificar-se de que a carga siga empacotada de maneira adequada e colocada no lugar indicado pelo escritório de operações no compartimento de cargas do avião.

Agências de viagens ou cargas. São companhias que atuam como intermediárias entre o consumidor e os prestadores de serviços, mediante comissão paga pelos prestadores de serviço, sem afetar os preços destes. Não serão aprofundadas a descrição e as funções dessas agências porque haverá um capítulo somente para elas.

Meios de propaganda e divulgação. Existe grande variedade de recursos para este propósito, sendo os mais utilizados a imprensa, o rádio e a televisão, além de publicações em revistas importantes e a colocação de cartazes em lugares estratégicos da cidade.

EXERCÍCIOS

I. Complete as frases com a palavra adequada

1. O departamento de vendas é um dos ________________ da ________________.
2. A existência de uma companhia aérea depende da demanda de ________________ pelo público que ________________.
3. A responsabilidade do gerente de vendas é principalmente ________________ e ________________ a venda de lugares.

4. A venda de lugares em vôos é obtida por recursos como: representantes de ____________, agentes de emissão de bilhetes e carga, agências de ____________ e carga, e outros importantes meios de propaganda e divulgação.
5. O gerente de vendas ____________ e supervisiona constantemente ao ____________ que dele depende.
6. Os representantes de vendas são classificados com base no ____________ e tipo de ____________ que visitam.
7. Os representantes de vendas, em geral, são ____________ apesar de que algumas empresas contratem também ____________.
8. Os representantes de vendas contam com preparação mínima média ____________ e também com cultura geral, além do domínio do idioma ____________.
9. Quando um representante de vendas é indicado para ocupar a vaga, recebe curso de ____________ e ____________.
10. A duração do curso é ____________, mas leva aproximadamente quatro ____________.

II. Responda às seguintes perguntas

1. Aponte três temas que fazem parte do curso para representantes de vendas.

____

____.

2. Quais são as funções fundamentais de um representante de vendas?

____

____.

3. Como pode um representante promover as vendas?

____

____.

4. Os representantes de vendas proporcionam assessoramento sobre o quê?

____

____.

5. Com que objetivo a companhia aérea oferece quantia mensal em dinheiro para o representante de vendas?

____

____.

6. Onde se localizam os agentes de emissão de bilhetes?

____

____.

7. Em que se diferencia o trabalho de um agente de emissão de um representante de vendas?

____

____.

8. Qual é o trabalho fundamental dos agentes de carga?

____

____.

9. Dê a definição de agência de viagens e de carga.

____

____.

10. Aponte três meios de propaganda e divulgação.

____

____.

III. Coloque nos parênteses a letra correspondente à palavra que completa a frase adequadamente

1. Um dos pilares da companhia aérea é o departamento de ( ).
2. Existem representantes de vendas para passagens e ( ).
3. Para uma companhia aérea são muito importantes os meios de propaganda e ( ).
4. O gerente de vendas cria e mantém as boas relações com outras companhias que favoreçam a ( ).

A. Transmissão
B. Compras
C. Empresa
D. Depende
E. Manuais
F. Inglês
G. Comerciais
H. Carga

5. Durante os coquetéis se costuma projetar ( ).
6. O gerente de vendas assessora e supervisiona o pessoal que dele ( ).
7. Algumas companhias aéreas dispõem de representantes de vendas para empresas ( ).
8. Os representantes de vendas são, em geral, ( ).
9. Além de sua língua natural um representante de vendas domina o idioma ( ).
10. Durante o curso, um futuro representante de vendas aprende o uso dos diferentes ( ).

I. Vendas
J. Aviação
K. Homens
L. Filmes
M. Divulgação

IV. Assinale a opção que considerar correta

1. Os representantes de vendas se classificam:
   ( ) *a)* Com base no lugar e número de empresas que visitam.
   ( ) *b)* Com base nas visitas e no tipo de empresa.
   ( ) *c)* Com base no tipo das visitas em lugar das empresas.
   ( ) *d)* Com base no lugar e tipo de empresas que visitam.

2. A função dos representantes de vendas é principalmente:
   ( ) *a)* Promover a venda de espaço ou o transporte de carga, nos vôos das companhias que representam.
   ( ) *b)* Promover a venda de espaço ou transporte de carga, nos vôos de todas as companhias.
   ( ) *c)* Promover a venda de espaço ou transporte de carga em alguns vôos da companhia que representa.
   ( ) *d)* Promover a venda de espaço ou de transporte de carga nos vôos de algumas companhias.

3. Os agentes de emissão:
   ( ) *a)* Fazem promoções e visitam outras empresas.
   ( ) *b)* Recebem comissões dos prestadores de serviços.
   ( ) *c)* Trabalham permanentemente nos escritórios de emissão de bilhetes.
   ( ) *d)* Dedicam-se a preencher as guias e descrição de cargas.

4. Os agentes de carga:
   ( ) *a)* Recebem comissões dos prestadores de serviços.
   ( ) *b)* Certificam-se de que a carga vá empacotada e colocada em compartimento de carga adequadamente.
   ( ) *c)* Trabalham fixos nos escritórios de emissões de bilhetes, aqueles distribuídos pela cidade.
   ( ) *d)* Proporcionam a venda de lugares ou o transporte de cargas, nos vôos da companhia que representam.

5. A imprensa, o rádio e a televisão:
   ( ) *a)* São importantes meios para obter lucros permanentes.
   ( ) *b)* São importantes meios de propaganda e divulgação para as companhias aéreas.
   ( ) *c)* São importantes meios para distrair os grupos que viajam.
   ( ) *d)* São importantes meios de comunicação durante algumas viagens.

DIÁLOGOS

A. Um representante de vendas instrui um funcionário de agência de viagens sobre inclusão de um novo vôo no OAG (Guia Oficial das Linhas Aéreas. No Brasil temos o Panrotas) e o seu manejo.

Funcionário: Sr. Jenkins. Poderia esclarecer-me algumas dúvidas com respeito à utilização do OAG?

Representante: Sim, o que deseja saber?

Funcionário: Poderia explicar-me como encontrar os dados relativos a um vôo?

Representante: Em primeiro lugar busque a cidade de destino, que está em ordem alfabética, em letras de forma grandes.

Funcionário: Já encontrei, Nova York.

Representante: Muito bem. Agora busque abaixo da cidade de destino a cidade de origem que aparece também em ordem alfabética, em letra de forma, um pouco menor.

Funcionário: Aqui está; é Amsterdã, na Holanda.

Representante: Parabéns. Agora selecione o vôo que mais lhe convenha.

Funcionário: Creio que este é o vôo que meu cliente necessita: "37 0845 1335 JFK PA 101 FY 747 1 E-APR25". Uma última pergunta, se não incomodo, somente para saber se interpretei adequadamente. Poderia dizer-me o significado de cada um dos dados?

Representante: Não é nenhum incomodo. Permita-me, os dados se lêem da esquerda para a direita, ou seja, o 3 e o 7 indicam que o vôo opera unicamente às terças e aos domingos. Os números 0845 se referem à hora da saída do vôo de Nova York, e o número 1335 se refere à hora da chegada em Amsterdã.

Funcionário: O que significa a sigla JFK?

Representante: É a sigla do aeroporto John F. Kennedy em Nova York, de onde sai o vôo. PA é a sigla da *Panamerican*, a empresa aérea que realiza o vôo 101.

Funcionário: Sei que "FY" se refere às duas classes que existem no avião, ou seja, "F" equivale à primeira classe e "Y" à classe turista.

Representante: Isso mesmo, posteriormente "747" se refere ao equipamento que, neste caso, é o Boeing-747 ou jato Jumbo. O 1 indica que faz uma escala entre Nova York e Amsterdã e finalmente "E-APR25", indica que este vôo começa a operar a partir de 25 de abril.

Funcionário: Muito obrigado pelas informações.

B. Um representante de vendas do hotel Paraíso Marriot de Acapulco visita um vendedor de uma agência de viagens.

Agente de viagens: Bom dia. Em que posso servi-lo?

Representante do hotel: Bom dia, sou Francisco Arredondo, representante de vendas do hotel Paraíso Marriot de Acapulco. Aqui está meu cartão.

Agente de viagens: Muito obrigado. Sente-se, por favor.

Representante do Hotel: Permita-me entregar estes folhetos com a descrição do hotel, diferentes planos e tarifas.

Agente de viagens: Ótimo. Vejo que tem vários planos muito interessantes.

Representante do hotel: Verdade. Por exemplo, temos este plano que por somente 3.000 pesos por pessoa, inclui duas noites e três dias em hotel com refeições.

Agente de viagens: Perfeito. E este plano a que se refere?

Representante do hotel: Bom, este é um pacote que inclui transporte aéreo, refeições e hospedagem. Os preços variam de acordo com o ponto de partida.

Agente de viagens: Que interessante! Creio que este plano será um sucesso com nossos clientes.

Representante do hotel: Como pode observar, os preços por pessoa são em apartamento duplo ou individual.

Agente de viagens: Obrigado pela informação.

Representante de hotel: Antes de despedir-me, permita oferecer-lhe este prendedor de papéis em formato de uma maçã, que é o símbolo do hotel.

Agente de viagens: Muito bonito, obrigado novamente, e que tenha uma boa viagem.

Capítulo 8

RESERVAS

Reserva é o sistema que controla a disponibilidade de lugares nos vôos das empresas aéreas (Fig. 8.1). Existem quatro formas pelas quais um passageiro pode fazer sua reserva de vôo:

1. Apresentando-se pessoalmente no escritório de reservas da empresa aérea.
2. Ligando para o escritório de reservas da empresa aérea.
3. Por meio de agência de viagens.
4. Atualmente, pela Internet os passageiros pode fazer suas reservas.

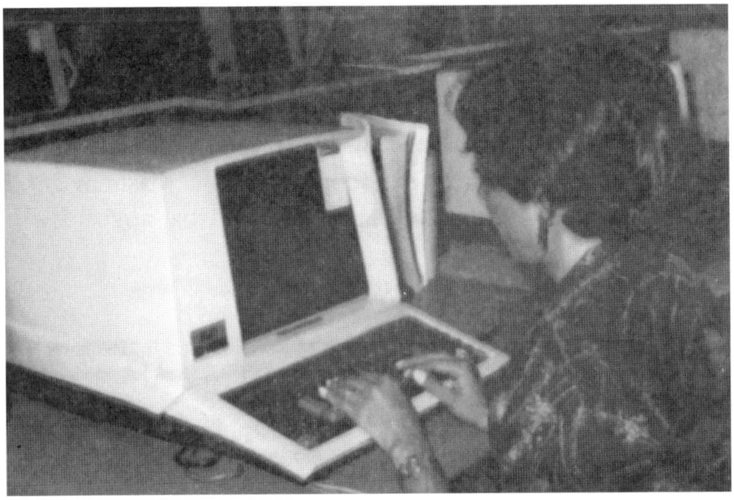

Fig. 8.1. No escritório de reservas de uma empresa aérea, os agentes recebem reservas por telefone e as anotam no computador.

Os agentes de reservas de uma companhia aérea são os encarregados de realizar e controlar as reservas de lugares em vôos específicos para os futuros passageiros em qualquer dos três casos mencionados.

O agente de reserva das companhias aéreas deverá obter as seguintes informações: origem, destino, dia e mês, número do vôo e categoria de serviço, número da poltrona, nome dos passageiros e telefone de contato.

Também, o pessoal deste departamento deverá ter cultura geral e amplos conhecimentos sobre a utilização dos manuais que contêm a informação relativa aos vôos e, no caso de passageiros internacionais, ter conhecimento da documentação necessária, como: passaporte vigente, certificado de reservista, certificado de vacina, vistos e formulários de imigração.

O departamento em questão deverá manter o passageiro sempre informado sobre o estado de sua reserva, ou seja, se a reserva foi confirmada e, neste caso, utilizará o OK como confirmação. Poderão informar sobre o tempo, a alimentação, etc.

Nos casos em que seja possível confirmar de imediato as reservas solicitadas, seja em razão do vôo estar lotado ou porque ele está controlado por outra empresa ou agência, a reserva passará a uma lista de espera, ou ficará como solicitada e, neste caso, será usada a sigla WL ou RQ, conforme o caso.

Nos casos em que as reservas tenham de ser solicitadas à outra cidade ou entre dois ou mais agentes, seja da mesma companhia ou de outra, as empresas contam com um sistema para se comunicar que se chama teletipo.

As reservas feitas por este meio devem observar o formato AIRIMP (Reservations Interline Message Procedure Passenger), que consistem em incluir na mensagem a informação listada a seguir, devendo esta ser transmitida por siglas convencionais.

1. Endereço.
2. Assinatura e hora do depósito.
3. Identificador.
4. Referência.
5. Número e nome dos passageiros.
6. Informação de chegada.
7. Primeiro passo solicitado.
8. Passos seguintes solicitados.
9. Serviços auxiliares.
10. Informação complementar.
11. Fim da mensagem.

Para concluir, é conveniente destacar que as companhias aéreas, em geral, dispõem de instrutores para ministrar cursos e capacitar o pessoal novo. Os cursos mencionados incluem:

1. Uso dos manuais
2. Familiarização com as siglas das companhias aéreas, cidades e aeroportos.
3. Familiarização com as diferentes tarifas.
4. Familiarização com o sistema de reserva e papéis da companhia aérea.
5. Regulamentações internacionais de vôo.
6. Serviço de carga.

EXERCÍCIOS

I. Conforme as informações fornecidas complete os formulários de imigração 1-94 e FME, bem como os cartões de reservas

O engenheiro Jorge Elizalde Topete, cujos dados aparecem em seguida, viajará do México a Los Angeles em 8 de junho de 1993 no vôo 150 da Aeroméxico. Sairá da cidade do México às 7:00h e chegará a Los Angeles às 12:05h. Retornará no dia 14 de junho de 1993, no vôo 151 da Aeroméxico, que sai de Los Angeles às 12:50h e chega à cidade do México às 20:00h.

Nacionalidade: mexicana, nasceu na cidade do México, em 15 de junho de 1950; estado civil: casado; número do passaporte: 324-1; número da carteira de reservista: 2696987; tipo de imigração: turista; seu domicílio na cidade do México é: Xola 215, Colônia do Vale; ficará hospedado no hotel Biltmore de Los Angeles; pagará a passagem à vista. É gerente da companhia construtora Elizalde e Associados S.A.; seu telefone particular é 568-1178 e de seu escritório 235- 2871; o visto para os Estados Unidos foi expedido na embaixada da cidade do México, no dia 7 de maio de 1993.

U.S. Department of Justice OMB 1115-0077
Immigration and Naturalization Service

Admission Number

Welcome to the United States

151562007 03

I-94 Arrival/Departure Record - Instructions

This form must be completed by all persons except U.S. Citizens, returning resident aliens, aliens with immigrant visas, and Canadian Citizens visiting or in transit.

Type or print legibly with pen in ALL CAPITAL LETTERS. Use English. Do not write on the back of this form.

This form is in two parts. Please complete both the Arrival Record (Items 1 through 13) and the Departure Record (Items 14 through 17).

When all items are completed, present this form to the U.S. Immigration and Naturalization Service Inspector.

Item 7 - If you are entering the United States by land, enter **LAND** in this space. If you are entering the United States by ship, enter **SEA** in this space.

Form I-94 (04-15-86)Y

Admission Number

151562007 03

Immigration and
Naturalization Service

I-94
Arrival Record

1. Family Name
2. First (Given) Name
3. Birth Date (Day/Mo/Yr)
4. Country of Citizenship
5. Sex (Male or Female)
6. Passport Number
7. Airline and Flight Number
8. Country Where You Live
9. City Where You Boarded
10. City Where Visa Was Issued
11. Date Issued (Day/Mo/Yr)
12. Address While in the United States (Number and Street)
13. City and State

Departure Number

151562007 03

Immigration and
Naturalization Service

I-94
Departure Record

14. Family Name
15. First (Given) Name
16. Birth Date (Day/Mo/Yr)
17. Country of Citizenship

See Other Side **STAPLE HERE**

Formulário FME

ESTE FORMULARIO DEVERÁ SER PREENCHIDO PELO VIAJANTE À MÁQUINA OU EM LETRA DE FORMA.

No. B 15965909 **FME**

PRIMEIRO SOBRENOME

SEXO: F | M — IDADE — NACIONALIDADE

SEGUNDO SOBRENOME

PROFISSÃO

NOME

MOTIVO DA VIAGEM: NEGÓCIOS ☐ PASSEIO ☐ ESTUDOS ☐ OUTROS ☐

DOMICÍLIO FIXO

DESTINO PRINCIPAL NO MÉXICO OU NO EXTERIOR — PAÍS OU ESTADO

MEIO DE TRANSPORTE

CIDADE — ESTADO — PAÍS

TIPO DE CONDIÇÃO DE IMIGRAÇÃO — OS ESTRANGEIROS RADICADOS NO PAÍS DEVEM ANOTAR O TIPO DE CONDIÇÃO IMIGRATÓRIA.

CARIMBO OFICIAL DE SAÍDA

OBSERVAÇÕES PARA USO OFICIAL

ESTE DOCUMENTO É GRATUITO

CARIMBO OFICIAL DE ENTRADA

Cartão de reserva

ADDRESS HDQRMBN — NAMES — SEAT NR

ORIGIN RECORD LOCATOR — ARR

BOOKING OFFICE	FLT	CL	DTE	MO	FROM	TO	AC TN	NR	AC TN IDEN	LV	R	LIMO
MEXBN										ARR	C	
AIRLINE												

HTLBN NN ________ IN ________ OUT ________

WAS ON	TKT TL	DATE	TIME	AGT	MADE BY	DATE	TIME	AGT	BP	EXT
IS ON	UTR LMTC				CNCLD BY				HP	HTL ROOM
WAT LISTON	REMARKS									OVER

II. Responda às seguintes perguntas

1. O que você entende por reserva?

____

____.

2. Em quantas e quais maneiras o passageiro pode fazer reserva de vôo?

____

____

____.

3. Qual é a função principal de um agente de reservas?

____

____.

4. Quais as informações que um agente de reservas deve obter do passageiro?

____

____

____.

5. Quais os documentos que o passageiro deve levar consigo?

____

____.

6. Que siglas deverão ser anotadas no cartão de reserva do passageiro ou bilhete de passagem quando a reserva estiver confirmada?

____

____.

7. Que siglas deverão ser anotadas no cartão de reserva do passageiro ou bilhete de passagem quando a reserva for solicitada?

____

____.

8. Que siglas deverão ser anotadas no cartão de reserva do passageiro ou bilhete de passagem quando a reserva estiver em lista de espera?

____

____.

9. Como se chama o sistema de comunicação usado pelo departamento de reservas para se comunicar de uma agência a outra?

____

____.

10. Em que consiste o formato AIRIMP?

____

____

____.

III. Coloque nos parênteses a letra correspondente à palavra que completa a frase adequadamente

1. O sistema pelo qual uma companhia aérea controla a disponibilidade de lugares em seus vôos é conhecido como ( ).
2. Os agentes de reservas se encarregam de controlar as reservas de ( ).
3. Um agente de reservas deve ter amplos conhecimentos sobre o uso dos ( ).
4. Uma reserva pode ser feita por agências de ( ).
5. O departamento de reservas utiliza a sigla OK como sinal de ( ).
6. O departamento de reserva utiliza a sigla RQ para indicar que a reserva está ( ).
7. A sigla WL indica que o passageiro está em lista de ( ).
8. Para se comunicar com duas ou mais agências, as companhias aéreas contam com um sistema chamado ( ).
9. Para transmitir mensagens por meio de teletipo, se utilizam siglas ( ).
10. Com o objetivo de ministrar cursos para o pessoal novato, as companhias aéreas dispõem de ( ).

A. Viagens
B. Teletipo
C. Confirmação
D. Instrutores
E. Companhias aéreas
F. Cancelada
G. Lugares
H. Solicitada
I. Reservas
J. Familiarizar-se
K. Convencionais
L. Espera
M. Manuais.

IV. Assinale a opção que considerar correta

1. O sistema de reservas tem por objetivo:
   ( ) *a)* Controlar a disponibilidade de lugares em vôos.
   ( ) *b)* Controlar a disponibilidade de vôos em seus espaços.
   ( ) *c)* ispor de controle de vôos em seus espaços.
   ( ) *d)* Dispor de espaços para controlar seus vôos.
2. Um passageiro pode fazer sua reserva de vôo de:
   ( ) *a)* Duas maneiras.
   ( ) *b)* Quatro maneiras.
   ( ) *c)* Cinco maneiras.
   ( ) *d)* Três maneiras.
3. As reservas feitas por teletipo, devem observar as normas do:
   ( ) *a)* epartamento de reservas.
   ( ) *b)* Formato AIRIMP.
   ( ) *c)* Chefe de departamento.
   ( ) *d)* Pessoal envolvido.
4. Um passageiro que leva consigo seu passaporte vigente, certificado de reservista, certificado de vacinas, vistos e formulários de imigração, é aquele que realiza vôo do tipo:
   ( ) *a)* Individual.
   ( ) *b)* Internacional
   ( ) *c)* Doméstico.
   ( ) *d)* Grupal.
5. Um passageiro que leve consigo a documentação mencionada no item quatro é:
   ( ) *a)* Do sexo feminino.
   ( ) *b)* Menor de idade.
   ( ) *c)* Membro de um grupo.
   ( ) *d)* Do sexo masculino.

DIÁLOGOS

A. O Sr. Garcia faz uma reserva por telefone com a Companhia Mexicana de Aviação.

Sr. Rodriguez: Bom dia, departamento de reservas, Sr. Rodriguez às suas ordens.
Sr. Garcia: Obrigado, Sr. Rodriguez. Meu nome é Eugênio Garcia, e gostaria de reservar um lugar no vôo MX-704 que sai às 10:30h.

Sr. Rodriguez: Sr. Garcia, sinto muito, mas o vôo 704 está lotado. Se desejar posso colocá-lo em lista de espera.

Sr. Garcia: Que segurança eu teria? Acredita que poderei conseguir um lugar?

Sr. Rodriguez: É possível, pois quase sempre há cancelamentos. Agora, se desejar, posso fazer reserva em um vôo mais cedo ou em outro mais tarde.

Sr. Garcia: Qual é o vôo que sai mais cedo?

Sr. Rodriguez: O vôo MX-702 que sai do México às 7:30h e chega a Monterrey às 8:35h.

Sr. Garcia: Parece-me muito cedo. Teria de madrugar para chegar ao aeroporto. Existe um vôo para mais tarde?

Sr. Rodriguez: O vôo MX-720 que sai às 11:15h.

Sr. Garcia: É um horário razoável. Este vôo tem escalas?

Sr. Rodriguez: Não, é direto e chega a Monterrey às 12:20h.

Sr. Garcia: É o melhor vôo, reserve-me um lugar, por favor. Estou hospedado no hotel Alffer e o telefone é 524-3842.

B. O Sr. Elias Karam faz uma reserva pessoalmente em uma agência de viagens para viajar ao Líbano em companhia de sua família.

Funcionário: Boa tarde. Em que posso servi-lo?

Sr. Karam: Obrigado. Queria fazer uma reserva.

Funcionário: Sente-se, por favor. Fale.

Sr. Karam: Pretendo viajar em companhia de minha família, no próximo mês a Beirute.

Funcionário: Que dia deseja sair?

Sr. Karam: Na quarta, 15 de maio.

Funcionário: Ótimo, precisamente neste dia sai o vôo 450 da Aeroméxico com destino a Paris, onde poderá fazer conexão com o vôo 144 da Air France que sai de Paris às 13:00h para chegar a Beirute às 18:25h do dia seguinte, hora local.

Sr. Karam: Excelente. Precisa de alguns dados adicionais?

Funcionário: Sim, preciso saber quantas pessoas viajam e o nome dos passageiros.

Sr. Karam: Somos quatro, eu Elias Karam, minha esposa Salma e meus filhos Yamil e Amina.

Funcionário: Poderia me dizer seu endereço e telefone, por favor?

Sr. Karam: Com muito prazer, meu endereço é Av. Horácio, 172 Colônia Polanco e meu telefone é 542-0724.

Capítulo 9

ESCRITÓRIO DE COMPANHIA AÉREA NO AEROPORTO

O escritório de uma companhia aérea fica localizado em um aeroporto. Este escritório é dirigido por um gerente, a quem são subordinados os agentes do escritório. Em algumas empresas aéreas este gerente também controla o escritório de operações e os agentes de carga.

O balcão da companhia aérea (Fig. 9.1) é o lugar onde os passageiros de saída apresentam seus documentos e recebem identificação de sua bagagem.

Neste mesmo lugar, o passageiro pode comunicar qualquer dano ou perda de malas que tenha ocorrido, devendo preencher um formulário referente ao ocorrido (ver apêndice no final do capítulo).

As funções dos agentes de companhia aérea são muitas. No que se refere aos passageiros de saída, o funcionário recebe as passagens dos passageiros e depois de verificar a reserva feita na listagem do computador, destaca e entrega o cartão correspondente. Quando for vôo internacional, o agente deverá comprovar toda sua documentação, e sendo um passageiro mexicano, consta de um passaporte vigente, visto (no caso de solicitação do país de destino), formulário de imigração mexicana FME e formulário imigratório I-94 (se o passageiro tem como destino os Estados Unidos), carteira de reservista, caso se trate de homem maior de 18 anos, e certificado de vacina.

Deverá também pesar as malas do passageiro (Fig. 9.2) e quando ultrapassar o peso permitido, cobrar o excesso de bagagem que corresponde a 1% da tarifa de primeira classe por quilo excedente.

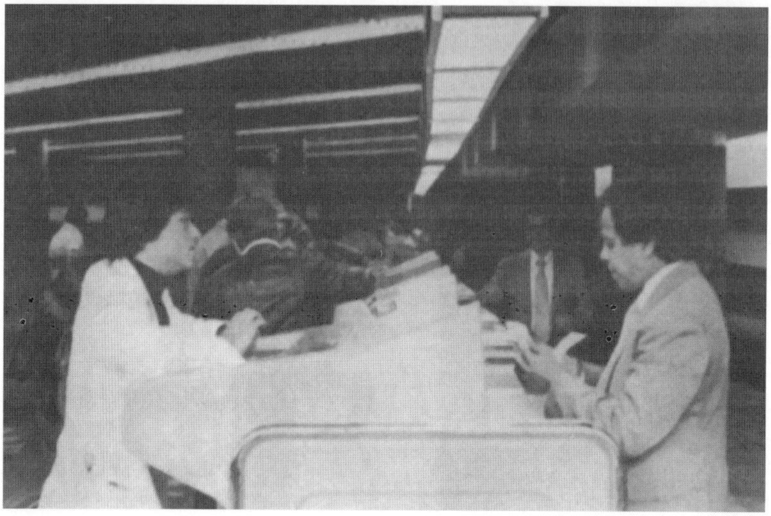

Fig. 9.1. O balcão da companhia aérea é o lugar onde os passageiros de saída apresentam seus bilhetes.

Fig. 9.2. O agente da companhia aérea pesa a bagagem.

O peso máximo permitido em primeira classe é de 30kg (66 libras) e em classe turista é de 20kg (44 libras).

De acordo com o regulamento da IATA, é permitido ao passageiro levar a bordo sem pesar: um casaco, uma pasta (para os homens), uma bolsa de mão (para as mulheres), e uma câmara fotográfica (Fig. 9.3).

Depois, o agente colocará em cada mala ou pacote despachado um número correspondente e entregará o tíquete com este número ao passageiro, geralmen-

AVIATECA
For Conditions of Contract See Passenger Ticket & Baggage Chek.
EXCESS BAGGAGE PASSENGER COUPON
2406 15322

DECLARED VALUE ____ Cy.
VALUATION CHARGE On Above Declared Value ____ Cy.
PREVIOUSLY PD. VAL. CHGE. ____ Cy.
BALANCE OF VAL. CHGE. ____ Cy.
TOTAL WEIGHT 60 lbs./KGS.
FREE ALLOWANCE and previously Pd.Exc.Wt. ____ lbs./KGS.
EXCESS WEIGHT 30 lbs./KGS.
EXCESS WT. CHGE.@ .80 per. lb./KG. ____ Cy.
EXCESS WT. CHGE.@ ____ per. lb./KG. ____ Cy.
TOTAL CHARGES 25.20 Cy.
TAX 1.20 Cy.
TOTAL PAYMENT 26.40 Cy.

PASSENGER TICKET FORM & NO. 1392 397609
FORM OF PAYMENT CASH
PLACE AND DATE ISSUE
NOT GOOD UNLESS OFFICIALLY VALIDATED
AGENT:
FROM México
TO Guatemala
CARRIER GU

MOORE BUSINESS FORMS DE C.A.S.A. TEL. 28 848 GUATEMALA

Fig. 9.3. O agente da companhia aérea, cobrará o excesso de peso quando ultrapassar o limite permitido.

te grampeando ao envelope da passagem, com o qual o passageiro poderá reclamar sua bagagem (Fig. 9.4).

O agente do balcão da companhia aérea está capacitado para emitir bilhetes, embora o tempo de que disponha para esta atividade seja mínimo. Em alguns vôos, determina as poltronas aos passageiros. Terminados todos esses passos, entrega ao passageiro o cartão de embarque, orientando-o para que se dirija à sala de espera do vôo (Fig. 9.5).

O cartão de embarque geralmente possui o número do vôo e, em alguns casos, a classe e o número da poltrona (Fig. 9.6).

Quando chega o momento de embarcar, o agente pega o microfone que se está na sala e dá as instruções aos passageiros para que entrem no avião (quando se trata de um vôo internacional, as instruções são dadas também em inglês). Damos um exemplo das instruções mencionadas:

Um momento de sua atenção, por favor. Passageiros do vôo 450 da Aeroméxico, com destino a Paris e escalas

Fig. 9.4. O agente colocará em cada mala ou pacote despachado um número correspondente.

Fig. 9.5. Sala de espera.

CARTÃO DE EMBARQUE

Vôo

Data

Destino

Poltrona

Pedimos que embarquem imediatamente à sala

mexicana

TA-106-3

12-76-100 M

Fig. 9.6. Cartão de embarque.

em Miami e Madri, embarquem pelo portão número quatro. Pedimos que tenham em mãos o cartão de embarque. Agradecemos por voar pela Aeroméxico e lhes desejamos uma boa viagem, obrigado.

Quando se trata de um vôo de chegada, deverá receber os passageiros e acompanhá-los ajudando a passar pela imigração, alfândega e polícia federal. Atender às reclamações dos passageiros em caso de malas extraviadas ou outras. Também dá diversas informações, envia mensagens por fax ou e-mail e ajuda os passageiros com conexões com outro vôo ou os que tenham problemas de comunicação por desconhecer o idioma.

EXERCÍCIOS

I. Complete as frases com a palavra adequada

1. O balcão de ____________________ da companhia aérea se localiza no ____________________.
2. O escritório da companhia aérea do aeroporto é dirigido por um ____________________, ao qual são subordinados os ____________________.
3. O balcão da companhia aérea é o lugar onde os ____________________ de saída recebem a identificação da sua ____________________.
4. Em vôos ____________________, os agentes deverão se certificar de que os passageiros tenham sua documentação ____________________.
5. Todo homem ____________________ de dezoito anos deverá levar consigo seu certificado ____________________.
6. O peso máximo permitido em ____________________ classe é de 30kg em classe ____________________ de 20kg.
7. O agente coloca em cada mala um ____________________ correspondente e entregará um ____________________ que o passageiro conserva para reclamar de sua bagagem.
8. Um agente também está ____________________ para emitir bilhetes, embora o tempo de que disponha seja muito ____________________.
9. Ao terminar todos os trâmites, o agente da companhia entregará ao ____________________ um cartão de ____________________.
10. O cartão de embarque contém geralmente o número de ____________________ e, em alguns casos, a classe e o número do ____________________ assinalado.

II. Responda às seguintes perguntas

1. Onde está localizado o balcão da companhia aérea?

____.

2. A quem estão subordinados o pessoal de operações e os agentes de carga?

____.

3. Onde os passageiros de saída apresentam seus documentos?

____.

4. Cite três atividades de um agente de aeroporto.

____.

5. Que documentação deverá levar um passageiro de vôo internacional?

____

____.

6. Porque é cobrado o excesso de bagagem?

____

____.

7. De acordo com o regulamento da IATA, o que poderá levar um passageiro a bordo, sem pesar?

____

____.

8. Que funções exerce o agente com os passageiros de chegada?

____

____.

9. Quais os meios pelos quais o agente envia mensagens?

____

____.

10. Conforme o que foi visto para o embarque em avião, cite outras instruções semelhantes, mas com dados diferentes de uma companhia aérea.

____

____.

III. Coloque nos parênteses a letra correspondente à palavra que completa a frase adequadamente

1. No aeroporto estão localizado o balcão da ( ).
2. O balcão é o lugar onde se apresentam os passageiros de ( ).
3. As funções dos agentes de companhia aérea são ( ).
4. O agente da companhia aérea entrega o cartão de embarque ao ( ).
5. O formulário FME é o formulário de imigração ( ).
6. O formulário I-94 é o formulário de imigração ( ).
7. É permitido levar 44 libras na classe ( ).
8. O tempo de que dispõem os agentes para emitir bilhetes é ( ).
9. O agente determina também, em alguns vôo o, ( ).
10. Geralmente o cartão de embarque inclui o número de vôo, de poltrona e a ( ).

A. Chegada
B. Norte-americano
C. Saída
D. Turística
E. Várias
F. Primeira
G. Vôo
H. Mexicano
I. Companhia aérea
J. Mínimo
K. Classe
L. Poltrona
M. Mínimas

IV. Assinale a opção que considerar correta

1. O escritório da companhia aérea está localizado no:
   ( ) *a)* centro.
   ( ) *b)* aeroporto.
   ( ) *c)* bairro.
   ( ) *d)* segundo andar.

2. Os passageiros de saída se apresentam:
   ( ) *a)* no centro.
   ( ) *b)* na sala VIP.
   ( ) *c)* no balcão.
   ( ) *d)* no avião.

3. O excesso de bagagem é cobrado:
   ( ) *a)* 1% da tarifa da primeira classe por quilo.
   ( ) *b)* 1% da tarifa de primeira classe por libra.
   ( ) *c)* 1% da tarifa da classe turista por quilo.
   ( ) *d)* 1% da tarifa da classe turista por libra.

4. Deverão portar sua carteira de reservista:
   ( ) *a)* Homens menores de 18 anos.
   ( ) *b)* Homens maiores de 18 anos.
   ( ) *c)* Homens de qualquer idade.
   ( ) *d)* Homens e mulheres.

5. A bolsa de mão é objeto que:
   ( ) *a)* Uma mulher deve sempre levar.
   ( ) *b)* Uma mulher deve sempre pesar.
   ( ) *c)* Um passageiro está obrigado a pesar.
   ( ) *d)* Um passageiro pode levar a bordo sem pesar.

V. O aluno preencherá com seus dados pessoais a seguinte declaração de alfândega e o formulário de imigração norte-americano.

BEM-VINDOS AOS ESTADOS UNIDOS

DEPARTAMENTO DO TESOURO
SERVIÇO DE ALFÂNDEGA DOS ESTADOS UNIDOS

DECLARAÇÃO

Todo viajante ou chefe de família que chega aos Estados Unidos deve fornecer as seguintes informações (somente uma declaração por família).

1. Nome: ____________ *sobrenome* ____________ *nome* ____________ *Inicial do segundo nome*
2. Número de familiares que viajam com você ____________
3. Data de nascimento __ | __ | __ *mês* *dia* *ano*
4. Cia. aérea e número do vôo ____________
5. Endereço nos Estados Unidos ____________
6. Sou cidadão norte-americano — SIM ☐ NÃO ☐
   Em caso negativo, país: ____________
7. Resido permanentemente nos Estados Unidos. — SIM ☐ NÃO ☐
   Em caso negativo, indique quanto tempo pensa ficar no país. ____________
8. O objetivo de minha viagem é ou era:
   ☐ NEGÓCIOS ☐ LAZER
9. Trago (trazemos) frutas, plantas, carnes, alimentos, terra, pássaros, caracóis ou outros animais vivos, produtos agrícolas ou estive (estivemos) em uma fazenda ou granja fora dos Estados Unidos. — SIM ☐ NÃO ☐
10. Trago (trazemos) mais de US$ 10.000 em dinheiro ou cheques de viagens ou equivalente em moeda estrangeira. — SIM ☐ NÃO ☐
11. O valor total dos artigos que adquiri (adquirimos) ou comprei (compramos) ultrapassa a (ver instruções no verso, abaixo de MERCADORIAS; os visitantes só devem indicar o valor dos presentes): $ ________ *Dólares EUA*

ASSINE NO VERSO DEST A DECLARAÇÃO DEPOIS DE LER A ADVERTÊNCIA

(Não escrever abaixo desta *linha*)

NOME DO INSPETOR	ÁREA
BAGAGEM Nº	

Aviso sobre a instrução de trâmites burocráticos, Lei de 1980 estipula que devemos informar das razões pelas quais colhemos esta informação, o formulário utilizado e a obrigação de fornecer. Solicitamos informar para cumprir as leis dos Estados Unidos sobre Alfândega, Agricultura e Moeda. Dela necessitamos para nos certificarmos de que os viajantes cumprem as leis e para determinar e arrecadar as quantidades devidas por concessão de direitos e impostos. É obrigatório entregar este formulário devidamente preenchido.

ADVERTÊNCIA

PRODUTOS AGRÍCOLAS

Para impedir a entrada de pragas perigosas para a agricultora estão proibidos de entrar os seguintes artigos: frutas, hortaliças, plantas e seus derivados, terra, carnes e seus derivados, pássaros, caracóis e outros animais vivos ou seus derivados. O fato de não declarar estes artigos ao Serviço Alfandegário ou Departamento de Agricultura pode causar multas ou sanções.

MOEDAS E INSTRUMENTOS MONETÁRIOS

O transporte de dinheiro ou instrumentos monetários, seja qual for a quantidade, é lícito; não obstante quando retire ou tente retirar dos Estados Unidos ou traga ou tente trazer mais de US$ 10.000 (em moeda dos Estados Unidos ou seu equivalente em moeda estrangeira ou uma combinação de ambas) em dinheiro, cheques de viagens ou instrumentos ao portador, tais como depósitos bancários, ações ou bônus, está obrigado pela lei a preencher o formulário 4790 do Serviço Alfandegário dos Estados Unidos. Também deverá fazer a declaração se fizer com que outra pessoa lhe traga as moedas ou instrumentos monetários. NÃO FAZER A DECLARAÇÃO EXIGIDA OU FAZER DECLARAÇÕES FALSAS PODE OCASIONAR O CONFISCO DO DINHEIRO OU DOS INSTRUMENTOS MONETÁRIOS E A IMPOSIÇÃO DE SANÇÕES CIVIS OU AÇÃO PENAL OU AMBOS.

MERCADORIA

No item 11, os residentes nos Estados Unidos devem declarar o valor total de TODOS os artigos adquiridos no exterior (novos ou usados, estejam ou não sujeito a impostos ou obtidos por meio de compra, presente ou de outra maneira) que estejam em seu poder ou de sua família no momento da chegada. Os visitantes devem declarar no item 11 somente o valor total dos presentes que trazem consigo.

Um funcionário do Serviço Alfandegário determinará a quantidade exigida por direito alfandegário. Normalmente, os residentes dos Estados Unidos estão isentos de taxas aduaneiras até um total de US$ 400 e os não-residentes até US$100. Aos residentes e não-residentes se costuma cobrar uma taxa fixa de 10% sobre os primeiros US$ 1.000 excedentes de suas isenções.

DESCRIÇÃO DOS ARTIGOS	PREÇO	PARA USO INTERNO
TOTAL		

SE NECESSITAR DE MAIS INFORMAÇÕES SOBRE O QUE DEVA DECLARAR, DIRIJA-SE AO AGENTE DO SERVIÇO ALFANDEGÁRIO

Li as instruções anteriores e estou de acordo.

________________ *Assinatura* ________ *data(mês/dia/ano)*

U.S. Department of Justice **OMB 1115-0077**
Immigration and Naturalization Service

Número de entrada *Bem-Vindos aos Estados Unidos*

140067593 03

Registro de chegada/saída – Instruções

Cada pessoa deve preencher este formulário, exceto os cidadãos norte-americanos, estrangeiros residentes de regresso, estrangeiros com visto de imigrantes, e cidadãos canadenses de passeio ou em trânsito.

Escreva à máquina ou com letra de forma e à caneta. EM MAIÚSCULAS. Escreva em inglês. Não escreva no verso.

Este formulário tem duas partes. Certifique-se de preencher o registro de chegada (1-13) e o de saída (14-17).

Ao terminar, apresente este formulário ao inspetor.

Nº 7 - Se você entrar nos Estados Unidos por terra coloque LAND, por mar coloque SEA.

Form I-94 (04-15-86)Y

Número de entrada

140067593 03

Serviço de Imigração
e Naturalização

I-94

Registro de chegada

1. Sobrenome
2. Primeiro nome
3. Data de nascimento (dia/mês/ano)
4. Cidadania
5. Sexo (Masc. Fem.)
6. Nº de passaporte
7. Companhia aérea e nº de vôo
8. País onde vive
9. Porto de embarque
10. Cidade de emissão do visto
11. Data da emissão (dia/mês/ano)
12. Endereço nos EUA (nº e rua)
13. Cidade e Estado

Número de saída

140067593 03

Serviço de Imigração
e Naturalização

I-94

Registro de saída

14. Sobrenome
15. Primeiro nome
16. Data de nascimento (dia/mês/ano)
17. Cidadania

Vide verso

DIÁLOGOS

A. O Sr. Sanchez que voou de Nova York ao México com conexão em Dallas, acaba de chegar e se dirige ao balcão da companhia aérea um tanto irritado, em decorrência do extravio de sua bagagem.

Sr. Sanchez: Podia dizer onde está minha bagagem?
Funcionário: Calma, senhor. Qual é seu problema?
Sr. Sanchez: É exatamente o que eu queria saber. Chegaram as malas de todo mundo, menos a minha.
Funcionário: Não se preocupe, prometo que vamos encontrar.
Sr. Sanchez: Tomara que seja assim.
Funcionário: Tenha a bondade de preencher este formulário de bagagem extraviada.
Sr. Sanchez: (Depois de preencher a folha): Eu voei de Nova York a Dallas, onde troquei de avião para seguir para o México.
Funcionário: Permita-me ver os tíquetes de bagagem?
Sr. Sanchez: Aqui estão.
Funcionário: De fato, sua bagagem foi enviada somente para Dallas, com toda certeza suas malas estão no escritório da companhia aérea; agora mesmo mandarei um e-mail para pedir que enviem ao México.
Sr. Sanchez: Terei de buscar aqui minha bagagem?
Funcionário: De maneira nenhuma. Nós a enviaremos a seu hotel.

B. Um passageiro se encontra dialogando com um oficial de imigração antes de embarcar.

Oficial: Permita-me ver seus documentos?
Passageiro: Que documentos necessita?
Oficial: Seu passaporte, carteira de reservista e formulário de imigração.
Passageiro: Aqui estão.
Oficial: (Revisando o passaporte) Está em vigor, a carteira de reservista em ordem; o formulário de imigração I-94 também. Você visitará os Estados Unidos?
Passageiro: Sim.
Oficial: Está tudo em ordem. Só falta seu formulário imigratório mexicano FME.
Passageiro: Não é possível. No balcão da American Airlines me disseram que toda a documentação estava completa.
Oficial: É possível, mas não está aqui. Porque não procura no envelope de sua passagem?
Passageiro: (Procurando no envelope): É verdade, aqui está o que faltava.
Oficial: (Guardando a via original e carimbando a cópia): Aqui está a cópia, guarde bem e mantenha com você para seu regresso ao México. Tenha a gentileza de ficar na sala de espera até que o chamem para embarque. Que faça uma boa viagem.
Passageiro: Obrigado, o senhor é muito gentil.

APÊNDICE

BAGGAGE IDENTIFICATION CHART • FOLHA PARA IDENTIFICAÇÃO DE BAGAGEM

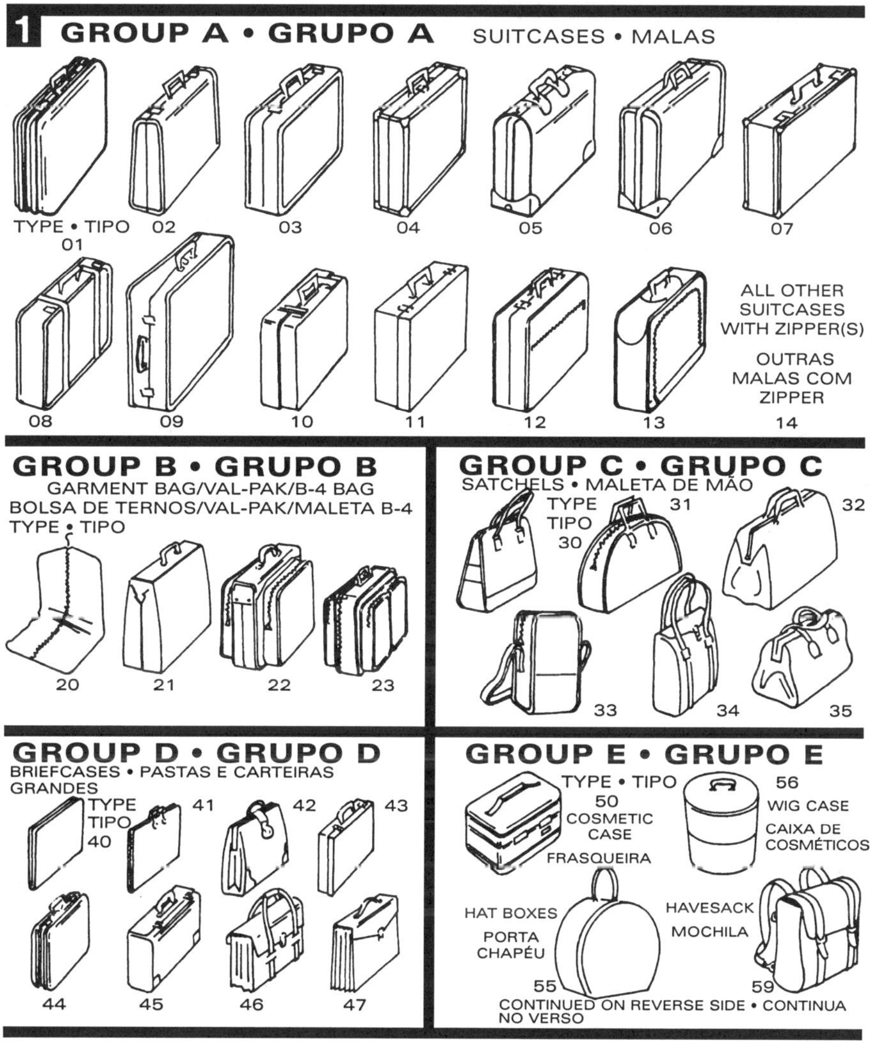

GROUP X

MISCELLANEOUS BAGGAGE - ARTICLES

TYPE

63 Baby Carrying Equipment
64 Whelchair or other Orthopedic Devices
65 Televison/Radio
66 Kennel, Pet Container
67 Bowling Ball Bag
68 Tubes (other than fishing equipament)
69 Surfboard
70 Art or Display Prtfolio
71 Sample Case (custom made)
72 Amplifiers/Speakers
73 Projects/Movie or Slide
74 Seabag/Duffle Bag
75 Parachute Bag
76 Portable Bar
77 Men's Shaving Kit
78 Trunk/Foot Locker
79 Tennis Racket (brand)
80 Camerain Own Case or Bag
81 Cardboard Carton or Box
82 Box, Other than Cardboard, Snow wooden, metal, plastic, etc. WDN, MTL, PLST.
83 Tool/ Tackel Box
84 Laundry Bag
85 Paper Bag/Shopping Bag (paper-Strraw) or Parcel
86 Hair Dryer in Own Case
87 Typewriter in Own Case
88 Tape Recorder in Own Case
89 Record player in Own Case
90 String Instrument in Own Case
91 Other Musical Instrument in Own Case
92 Self-Contained Sleeping Bag/ Bed Roll
93 Skis (Brand)
94 Ski Poles (Brand)
95 Ski Boots
96 Firearms
97 Fishing Rod(s) in Own Case
98 Golf Bag and Clubs
99 Article Other bag. Not Appearing on This List (Describe)

GRUPO X

BAGAGEM VARIADA - ARTIGOS

TIPO

63 Moisés
64 Cadeira de rodas ou outros aparelhos ortopédicos
65 Televisor/Rádio
66 Gaiola
67 Maleta de boliche
68 Tubos (exceto equipamento de pesca)
69 Prancha de surf
70 Pasta grande para desenhos ou dobraduras
71 Caixa ou maleta de mostruário (feita especialmente)
72 Amplificadores/autofalantes (buzinas)
73 Projetores/Filmes ou Transparências
74 Bolsa para roupa
75 Pára-quedas
76 Bar portátil
77 Estojo de barbear
78 Baú/caixa
79 Raquete de tênis
80 Câmera no estojo
81 Caixa de papelão
82 Caixa (não de papelão) especifique: madeira, metal, plástico, etc.
83 Ferramenta/caixa de instrumentos ou ferramentas
84 Saco de roupa suja
85 Sacola de papel, sacola de plástico ou pacote
86 Secador de cabelos no estojo
87 Máquina de escrever no estojo
88 Gravador no estojo
89 Toca-discos na caixa
90 Instrumento de corda no estojo
91 Outro instrumento musical no estojo
92 Saco de dormir
93 Esqui (marca)
94 Suportes de esqui (marca)
95 Botas de esquiar
96 Armas de fogo
97 Vara de pescar no estojo
98 Bolsa e tacos de golfe
99 Artigo, outra tipo de mala, que não apareça nesta lista (descrever)

BRANIFF INTERNATIONAL

STATEMENT IN PROOF LOSS
DECLARAÇÃO DE PERDA

PLEASE TYPE OR PRINT. POR FAVOR USAR LETRA DE IMPRENSA

FOR PASSENGERS IN MEXICO AND USA PLEASE RETURN TO MANAGER-SYSTEM TRACIN CENTER, BRANIFF INTERNATIONAL, P.O. BOX 35001, DALLAS, TEXAS 75235
PASSAGEIROS SUL-AMERICANOS FAVOR RETORNAR AO ESCRITÓRIO DA BRANIFF INTERNATIONAL MAIS PRÓXIMO.

NOME

TELEFONE RESIDENCIAL

TELEFONE COMERCIAL

ENDEREÇO RESIDENCIAL

PROFISSÃO

CIDADE

LOCAL DE TRABALHO

ESTADO

ENDEREÇO COMERCIAL

NÚMERO DO SEGURO (PARA USO NOS EUA)

NÚMERO COMPLETO DE SEU BILHETE (CIA. AÉREA/FORMULÁRIO/SÉRIE)

PAGOU EXCESSO DE BAGAGEM? SIM ☐ NÃO ☐

COMPROU SEGURO NA CIA. AÉREA? SIM ☐ NÃO ☐

QUAL O VALOR PAGO?

RECIBO Nº

PERDEU ALGUMA BAGAGEM NOS ÚLTIMOS 2 ANOS? SE SIM, POR QUAL COMPANHIA? SIM ☐ NÃO ☐

TEM UM SEGURO QUE COBRE A PERDA? SIM ☐ NÃO ☐

SEGURADORA

ENDEREÇO

SEU ITINERÁRIO COMPLETO

DE	PARA	CIA. AÉREA	Nº DO VÔO	CLASSE UTILIZADA	DATA

ONDE EFETUOU O CHECK-IN?
a) AEROPORTO b) ESCRITÓRIO CENTRAL
c) OUTRO (EXPLIQUE)

Nº DE MALAS ENTREGUES

N º DE MALAS PERDIDAS

PESO TOTAL DAS MALAS PESADAS

SUA BAGAGEM FOI VERIFICADA EM OUTRO AEROPORTO? SIM ☐ NÃO ☐

EM CASO AFIRMATIVO, ONDE E POR QUÊ?

ONDE E QUANDO VIU SUA MALA PELA ÚLTIMA VEZ?

A BAGAGEM PERDIDA FOI RETIDA COM OUTRA CIA. AÉREA? SIM ☐ NÃO ☐

EM CASO AFIRMATIVO, QUAL FOI A CIA. AÉREA E ONDE FOI RETIDA?

COMENTÁRIOS ADICIONAIS

NOTE: PLEASE ATTACH YOUR BAGGAGE CLAIMS CHECK(S) AND PASSENGER COUPON PORTION OF YOUR TICKET(S).

NOTA: FAVOR ANEXAR SEUS TÍQUETES DE BAGAGEM E O CUPOM DE PASSAGEIRO DE SUA(S) PASSAGEM(NS)

FOR USE IN MEXICO AND LATIN AMERICA . PARA USO NO MÉXICO E AMÉRICA DO SUL

It is expresslly undertood and agreed by me than the furnishing of this form and any assistance furnished me by employees of Braniff Airways, Inc., are acts of courtesy and shall not constitute a walver of any rights or an admission of liability by or on the part of Braniff Airways, Inc. its employees or agents. Any other information and/or documents relatin to thies statement wich are required by Braniff Airways, Inc. will be furnished by me upen request and shall be considered part of this statement.

Ido hereby warrant the toregoing statement and those on the accompanying form(s) to be accurate complete true and I hereby make a claim against Braniff Airways, Inc. in the anount of $ ________________ , for a loss accuring on ________________ , 19______.

The United States Post Office has investigative juridiction under Federal laws relating to sending flase or fraudulent claim through the United States mails. Any such claims received by Braniff Airways, Inc. are reproted to the Unated States Postal Autorities.

Losses of Bagage in interstate shipment or of articles form such baggage come within the preview of Federal statutes relating ro thefts from interstate Shipment and therefore are subject to investigaton by the Federal Bureau of Investigation.

PARA USO NO MÉXICO E AMÉRICA DO SUL . FOR USE IN MEXICO AND LATIN AMERICA

Compreendo e estou de acordo que o encaminhamento deste formulário e qualquer assistência dada por funcionários da *Braniff Airways, Inc.* são atos de cortesia e não consistem em renúncia de direitos ou de responsabilidade por ou de parte da *Braniff Airways, Inc.*, seus funcionários ou representantes.

Qualquer outra informação e/ou documentos relacionados com esta reclamação solicitados pela *Braniff Airways, Inc.* serão administrados por mim a pedido e farão parte desta reclamação.

Pelo presente declaro que o mencionado acima e a informação dada nos anexos são verdadeiros e completos e motivaram minha reclamação contra a *Braniff Airways, Inc.* pelo valor de $________________ pela perda ocorrida no dia ________________.

Entendo que a apresentação da reclamação falsa ou fornecer informação incorreta à *Braniff Airways, Inc.*, seus funcionários ou representantes estará sujeito a sanções aplicáveis pela lei do país em que resido.

DATA ________________________ ASSINATURA DO PASSAGEIRO ________________________

BRANIFF INTERNATIONAL

DAMAGED PROPERTY REPORT

RELATÓRIO DE PROPRIEDADE DANIFICADA

ESCRITÓRIO	DATA E HORA
AGENTE	RELATADO ☐ PESSOALMENTE ☐ POR CARTA ☐ POR TELEFONE

NOME COMPLETO DO PASSAGEIRO

MR. • SR.
MRS. • SRA.
MISS • SRTA.

ENDEREÇO LOCAL	ATÉ
CIDADE	TELEFONE
ENDEREÇO PERMANENTE	
CIDADE/ESTADO	TELEFONE

PASSENGER TRAVELED
ITINERÁRIO DO PASSAGEIRO

DE	PARA	CIA. AÉREA	VÔO	DATA

BAGGAGE DESCRIPTION
DESCRIÇÃO DA BAGAGEM

TIPO	GRUPO	COR	MARCA

CLAIM CHECK INFORMATION
INFORMAÇÃO DO TÍQUETE DA BAGAGEM

LINHA AÉREA DE EXPEDIÇÃO	NÚMERO DO TÍQUETE
NÚMERO DO BILHETE	☐ NRSA

BAGGAGE CHECKED
CHECK-IN DA BAGAGEM

DE	PARA	CIA. AÉREA	VÔO	DATA

CUSTO

MÊS E ANO DA COMPRA

DESCRIÇÃO DO DANO EXTERNO

DESCRIÇÃO DO DANO DO CONTEÚDO

CAUSA DO DANO

FAVOR ASSINALAR A ÁREA DANIFICADA

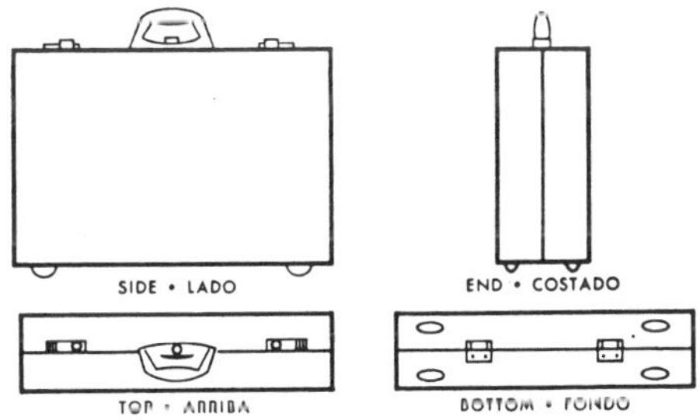

ACTION TAKEN • ATITUDE TOMADA

☐ THE PASSENGER ACCEPTED AND IMMEDIATE SPOT CASH SETTLEMENT FOR THE DAMAGE TO HIS PROPERTY, SETTLEMENT WAS BASED ON AVERAGE REPAIR AND REPLACEMENT COST.

☐ UNABEL TO MAKE AN IMMEDIATE SETTLEMENT, PASSENGER HAS BEEN ADVISED THAT PINK ACTION COPY WILL BE SENT TO THE BRANIFF INTERNATIONAL OFFICE AT THE AIRPORT IN ______ WHEN REPAIS HAVE VEEN MADE, PASSENGER IS TO MAIL RECEIPT TO THE ABOVE OFFICE. A CHECK WILL BE MAILED TO THE PASSENGER AS REIMBURSEMENT.

☐ IT IS IMPOSSIBLE TO TAKE ACTION LOCALLY, PASSANGER HAS BEN ADVISED TO HAVE REPAIRS EFFECTED AT THIS CONVENIENCE AND TO SUBMIT RECEIPT FOR REPAIRS, ALONG WITH PINK ACTION COPY TO PASSENGER RELATIONS, BRANIFF INTERNATIONA, P.O. BOX 35001, DALLAS, TEXAS 75235.

☐ O PASSAGEIRO ACEITOU INDENIZAÇÃO IMEDIATA PELO DANO CAUSADO A SUA PROPRIEDADE. ESTA INDENIZAÇÃO CORRESPONDE A UMA MÉDIA DO CUSTO DA MALA OU DO REPARO.

☐ NÃO FOI POSSÍVEL PAGAR INDENIZAÇÃO DE IMEDIATO. O PASSAGEIRO FOI INFORMADO DE QUE A FOLHA "ORDEM DE SERVIÇO" SERÁ ENVIADA AO ESCRITÓRIO DA *BRANIFF INTERNATIONAL* NO AEROPORTO DE ______ QUANDO OS REPAROS TENHAM SIDO EXECUTADOS. O PASSAGEIRO TERÁ DE MANDAR O RECIBO PARA O ESCRITÓRIO ACIMA MENCIONADO; UM CHEQUE SERÁ ENVIADO AO PASSAGEIRO O MAIS RÁPIDO POSSÍVEL.

☐ É IMPOSSÍVEL TOMAR ATITUDE LOCAL. O PASSAGEIRO FOI ORIENTADO PARA EFETUAR OS REPAROS A SEU MODO E MANDAR O RECIBO DAS DESPESAS JUNTO COM A ORDEM DE SERVIÇO PARA SEU REEMBOLSO.

TODAS AS INFORMAÇÕES PRESTADAS POR MIM NESTE RELATÓRIO SÃO VERDADEIRAS

______
ASSINATURA DO PASSAGEIRO

DATA DE ENVIO ______ AGENTE ______

QUANDO A INDENIZAÇÃO FOR EFETUADA FAVOR PREENCHER A QUANTIA
$ ______

NÚMERO DO CHEQUE ______ DATA ______ AGENTE ______

USE A VIA ROSA (ORDEM DE SERVIÇO) PARA JUSTIFICAR O PAGAMENTO.

– ACTION COPY • ORDEM DE SERVIÇO –

Capítulo 10

MANUAIS

Existem atualmente muitas publicações relacionadas com a aviação comercial, pelas quais as pessoas que trabalham em companhias aéreas e agências de viagens podem obter muitas informações, que ajudam na escolha do passageiro. Entre outras podemos citar:

OAG (*Official Airline Guide*). Será feita descrição mais detalhada posteriormente.

Local and Joint. Inclui rotas e tarifas aéreas de vôos diretos e de conexões dentro dos Estados Unidos.

IATT (*International Air Travel Tarif*). Publicação das companhias aéreas dos Estados Unidos filiadas à IATA. Inclui informações relativas à milhagem e a tarifas aéreas internacionais.

TIM (*Travel Information Manual*). Inclui informação relativa aos regulamentos de imigração de todo o mundo.

ABC World Airways Guide. Suas informações são semelhantes às do *Official Airline Guide*. Trata-se de fonte de informações publicada por *ABC Travel Guides*, LTD. Oldhill, London Road Bedfordshire, Inglaterra.

Revista guia aérea. Publicação mensal que contém informações relativas a vôos, tarifas aéreas, impostos de transportes aéreos, informações sobre hotéis e agências de viagens (Fig. 10.1).

Existem muitos outros guias e manuais. No entanto, este capítulo será dedicado somente à descrição e ao funcionamento das publicações *OAG*.

Fig. 10.1. *Guia Aérea.*

As empresas de publicações The Reuben H. Donnelley Corporation (com endereço nos Estados Unidos: 2000 Clearwater Drive Oak Brook, Illinois 60521, USA) oferecem às companhias aéreas, agências de viagens e de cargas, sete publicações úteis *OAG*, as quais, apesar do nome, não são publicações oficiais, mas grande fonte de informações por meio das quais o pessoal das linhas aéreas e das agências de viagens podem obter informação para atender eficientemente seus clientes.

A seguir descreveremos cada um dos sete exemplares:

1. *North American Edition*. Publicação mensal que inclui muitos dados relativos aos vôos entre as cidades dos Estados Unidos, Canadá, México e todas as ilhas do Caribe, como Aruba, Curaçao, Trinidad e Tobago e Bermudas (Fig. 10.2).

Conteúdo:

- Itinerário de vôos.
- Descrição das tarifas aéreas.
- Siglas e marcas de referência.
- Tempos mínimos de conexão.
- Cidades e aeroportos-chaves.
- Tarifas de correio aéreo.
- Tabelas para aplicar o imposto de transporte aéreo.
- Moedas de vários países e sua equivalência em dólares.
- Aluguel de carros.
- Cartões de crédito aceitos pelas companhias aéreas.
- Informações breves a respeito de hotéis.
- Descrição de outras publicações OAG.
- Tabelas de horários e mapas de rotas aéreas de algumas companhias.
- Instruções de uso OAG.
- Calendário atualizado.

2. *International Edition*. Esta publicação mensal contém informações sobre todos os vôos de qualquer companhia aérea que opere entre cidades de um país e cidades de outros países. O conteúdo geral é semelhante em apresentação e finalidade ao da edição norte-americana, o mesmo que aparece no índice que está nas primeiras páginas (Fig. 10.3).

Fig. 10.2. *OAG North American Edition.*

Fig. 10.3. *OAG International Edition.*

Fig. 10.4. *OAG Pocket Flight Guide.*

3. *Pocket Flight Guide.* Publicação mensal muito útil que permite rápida consulta sobre a mais de 19.000 vôos selecionados que operam nos Estados Unidos (Fig. 10.4).

4. *Air Cargo Guide.* Importante publicação mensal que inclui valiosas informações sobre itinerários de vôos domésticos e internacionais de carga aérea, permitindo ao agente de carga realizar seus embarques em formulário adequado (Fig. 10.5). Além disso, contém as seguintes informações:

Fig. 10.5. *OAG Air Cargo Guide.*

- Requisitos IATA para documentar a carga aérea.
- Restrições sobre alguns artigos.
- Instruções sobre embalagem.
- Manuseio de capacidade máxima.
- Várias sugestões.
- Acordos de linhas entre as companhias aéreas.
- Serviços especiais disponíveis de carga.
- Diretório de agências de carga aérea.
- Diretório de cidades nos Estados Unidos e Canadá.
- Requisitos para aceitar animais vivos e embarques pouco usuais.

5. *Travel Planner and Hotel/Motel Guide.* São quatro publicações por ano que incluem todas as informações necessárias para encontrar e fazer os acertos adequados para acomodar rapidamente. Contém também tarifas de quartos e os telefones de 17.000 hotéis e motéis nos Estados Unidos, 15.000 dos quais possuem guia de tarifas, além dos números telefônicos para fazer chamadas

Fig. 10.6. *OAG Travel Planner and Hotel Motel Guide.*

Fig. 10.7. *OAG Worldwide Tour Guide.*

Fig. 10.8. *OAG Worldwide Cruise and Shipline Guide.*

gratuitas para reservas, lugares de recreação, áreas para esquiar, parques nacionais, instalações militares, colégios e universidades. Como chegar a mais de 9.000 cidades sem serviços aéreos programados; transporte terrestre disponível, diagrama dos aeroportos importantes e mapa com a localização de alguns hotéis (Fig. 10.6).

6. *Worldwide Tour Guide*. Com três publicações por ano: primavera e inverno; verão e outono. É o guia ideal para o agente de viagem, por meio do qual ele poderá planejar excursões a qualquer lugar do mundo em formulário adequado (Fig. 10.7).

7. *Worldwide Cruise and Shipline Guide*. São seis publicações ao ano que contêm informações necessárias para localizar qualquer cruzeiro ou navegação de porto a porto, com referências rápidas, incluindo dados importantes que nao aparecem em outras publicações, tais como o endereço de companhias aéreas e escritórios de reserva, esboço detalhado dos navios, diagrama de portos, referência rápida em colunas organizadas por *To* e *From* (para/de) e claro, instruções para o uso deste. Essas publicações são atualizadas bimestralmente (Fig. 10.8).

Instruções para o uso do *OAG*

Muito se tem escrito sobre todas as publicações desta companhia, no entanto, em virtude da importância que tem no meio turístico por seu grande uso, as informações complementares, como tarifas e transporte oficial vamos apresentar a seguir as instruções necessárias para seu uso:

O *OAG* é a maneira rápida e fácil de localizar itinerários, guia terrestre e tempos mínimos para conexão, com ênfase na edição dos Estados Unidos.

Para usar o *OAG*, primeiramente localize a cidade de destino (*To*), que aparece em ordem alfabética e em letra de forma grande.

Em geral, estão localizadas na parte superior da página, apesar de que algumas vezes apareça na metade da página. Em seguida, localize a cidade de origem (*From*), também apresentada em ordem alfabética abaixo da cidade de destino (*To*), em um tipo de letra de forma, ligeiramente menor.

Caso não encontre a cidade de origem desejada (*From*), listada abaixo da cidade de destino (*To*), significa que não existem vôos diretos, e se faz necessária conexão. Uma vez encontrada a cidade de origem (*From*), indique o itinerário do vôo direto ou de conexão e selecione o vôo desejado.

Para explicar as informações contidas nas colunas do *OAG*, divididas em sete grupos como poderá ser observado nas listas, segue um exemplo combinado com anotações esclarecedoras, relativas à informação apresentada dentro de uma categoria. A informação apresentada em cada categoria aparece na mesma seqüência da coluna real do *OAG*.

Com o objetivo de incluir vários exemplos possíveis, parte das informações do exemplo é fictícia.

COLUNA-MESTRA

A seguir se desmembram detalhadamente as instruções anteriores, com o objetivo de proporcionar maior e melhor compreensão:

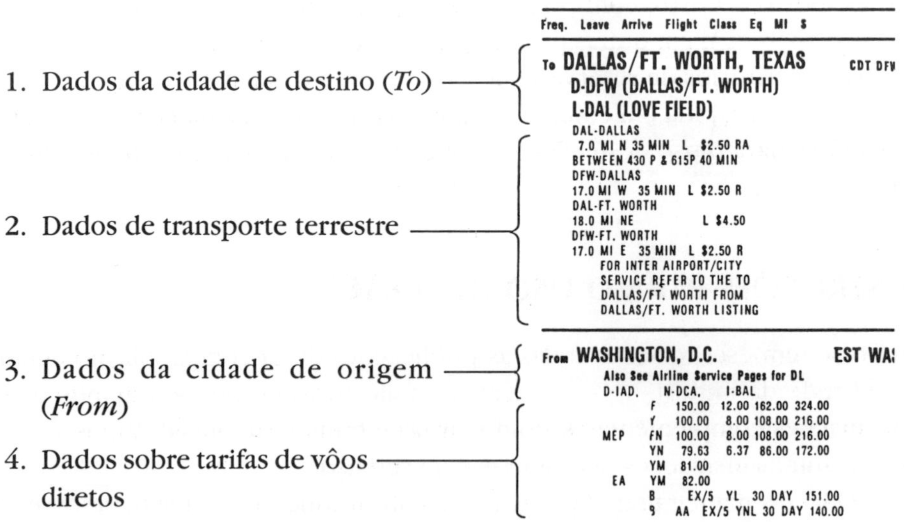

5. Dados sobre itinerários de vôos diretos

	8:15a	N	10:50a	D	BN	111	FYB	727	BS	1
	8:52a	D	11:13a	D	AA	93	FYB	707	B	0
	8:55a	I	11:08a	D	AA	371	FYB	707	B	0
	9:05a	D	11:10a	D	BN	7	FYB	72S	B	0
	10:15a	N	1:09p	D	AA	605	FYB	727	L	1
	10:25a	N	1:10p	D	BN	105	FYB	727	L	1
	10:55a	D	1:14p	D	AA	229	FYB	727	L	0
	11:52a	I	5:57p	D	EA	573	FYB	D9S	D	3
	12:30p	N	4:20p	D	AA	463	FYB	727	L	2
	12:40p	N	5:11p	D	DL	325	FYB	72S	L	2
	2:10p	N	6:01p	D	AA	369	FYB	727	S	1
	2:30p	N	5:15p	D	BN	109	FYB	727	S	1
X6	2:30p	N	6:04p	D	AA	411	FYB	727	S	1
	3:00p	I	5:10p	D	AA	211	FYB	707	D	0
	3:20p	D	5:25p	D	BN	15	FYB	72S	S	0
	3:30p	N	8:30p	D	AA	281	FYB	727	SD	2
X6	4:25p	N	7:00p	D	BN	117	FYB	727	D	1
	5:25p	N	8:23p	D	AA	173	FYB	727	D	1
	6:05p	D	8:07p	D	AA	69	FYB	707	D	0
					AA 69 EFFECTIVE JUN 9					
X6	6:05p	D	8:26p	D	AA	69	FYB	707	D	0
					AA 69 DISCONTINUED AFTER JUN 8					
6	6:05p	D:	8:26p	D	AA	69	FYB	707	D	0
					AA 69 DISCONTINUED AFTER JUN 8					
	6:30p	N	9:15p	D	BN	115	FYB	727	D	1
X6	6:30p	N	12:07a	D	AA	437		727	D	3
					AA 437 FYB-TUL-FnYnB					
45	10:20p	D	12:35a	D	AA	317	FnYnB	D10	S	0
X45	10:20p	D	12:37a	D	AA	317	FnYnB	707	S	0
	11:10p	I	1:18a	D	AA	325	FnYnB	727	S	0

CONNECTIONS

6. Dados sobre tarifas para vôos de conexão

A	150.00	12.00	162.00	F	THRU
B	145.37	11.63	157.00	F	JT
			DISCONTINUED AFTER APR 18		
B	148.15	11.85	160.00	F	JT
			EFFECTIVE APR 19		
C	100.00	8.00	108.00	FN/Y	THRU
D	97.22	7.78	105.00	Y	JT
E	79.63	6.37	86.00	YN	THRU

7. Dados sobre itinerários de vôos de conexão

	8:30a	N	12:13p	D	EA	905	FYB	727	B	0
(AC @)	10:18a	ATL	11:04a		EA	277	FYB	DC9	L	0
	11:09a	I	2:33p	D	EA	147	FYB	D9S	L	0
(AC @)	12:55p	ATL	1:35p		EA	531	FYB	727	S	0
	11:10a	N	2:33p	D	EA	139	FYB	72S	L	0
(AC @)	12:54p	ATL	1:35p		EA	531	FYB	727	S	0
	12:40p	N	4:04p	D	DL	325	FYB	72S	L	0
(AC @)	2:13p	ATL	3:05p		DL	821	FYB	DC8	S	0
	2:25p	N	5:57p	D	EA	143	FYB	72S	S	0
(AC @)	4:04p	ATL	4:50p		EA	573	FYB	D9S	D	0
	5:38p	I	9:14p	D	EA	131	FYB	D9S	D	0
(AC @)	7:24p	ATL	8:15p		EA	577	FYB	727	S	0
					DISCONTINUED AFTER APR 18					
	5 38p	I	9:20p	D	EA	131	FYB	D9S	D	0
(BD @)	7 24p	ATL	8:21p		DL	919	FYB	D8S	S	0
					IFFECTIVE APR 19					
	5 40p	N	9:14p	D	EA	137	FYB	72S	D	0

1. Destino – Dados da cidade (*To*)

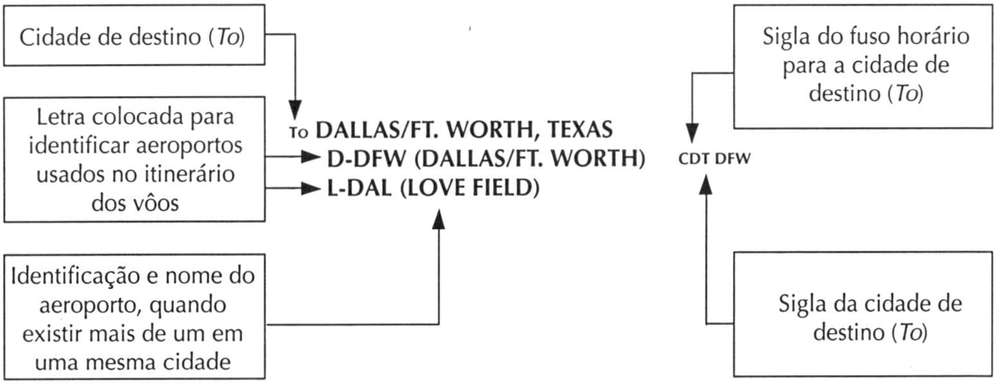

2. Dados de transporte terrestre

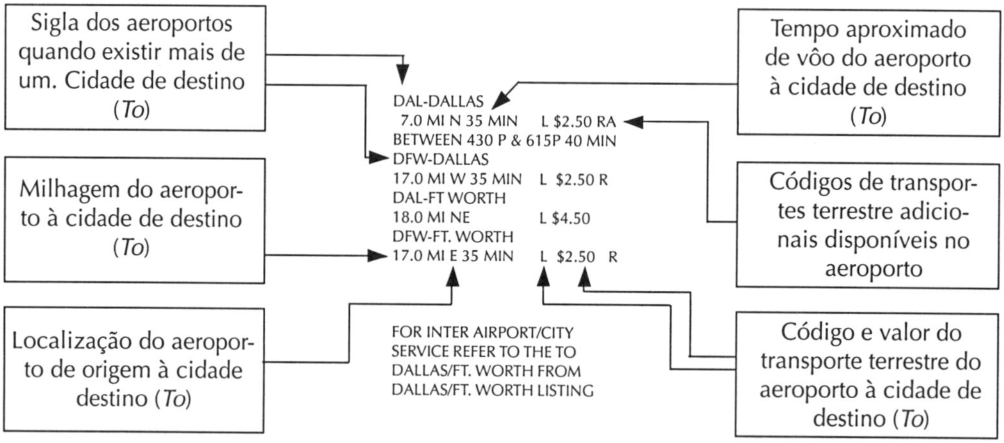

3. Dados da cidade de origem (*From*)

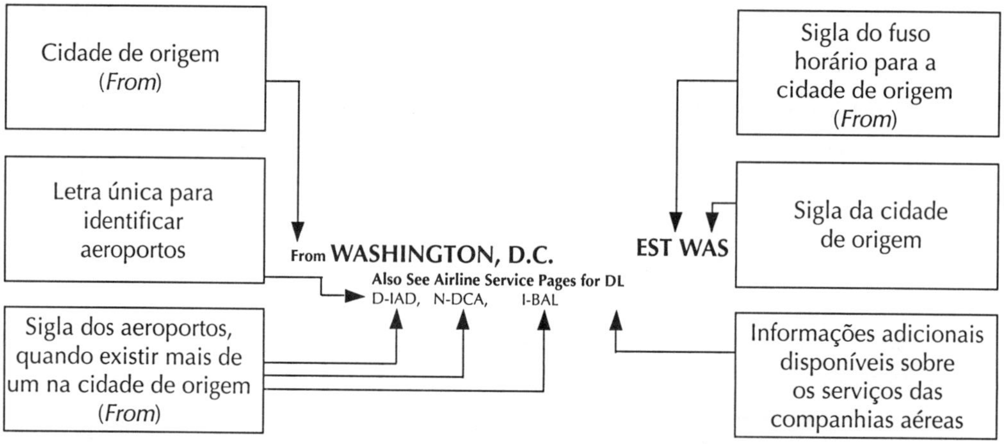

4. Dados sobre a tarifa de vôos diretos

As tarifas nesta parte da coluna são aplicadas somente aos vôos diretos. Não use estas tarifas para vôos com conexão. Leia sobre tarifa de vôos com conexão no item 6.

O imposto é aplicado a viagens dentro dos Estados Unidos e em viagens a 225 milhas da fronteira dos Estados Unidos (quando a viagem se origine nos Estados Unidos ou o bilhete foi adquirido fora do país para viajar aos Estados Unidos por um residente desse país). Para calcular os 8% de impostos que compreendem a tarifa total e as porcentagens para o plano familiar, será necessário consultar a seção correspondente.

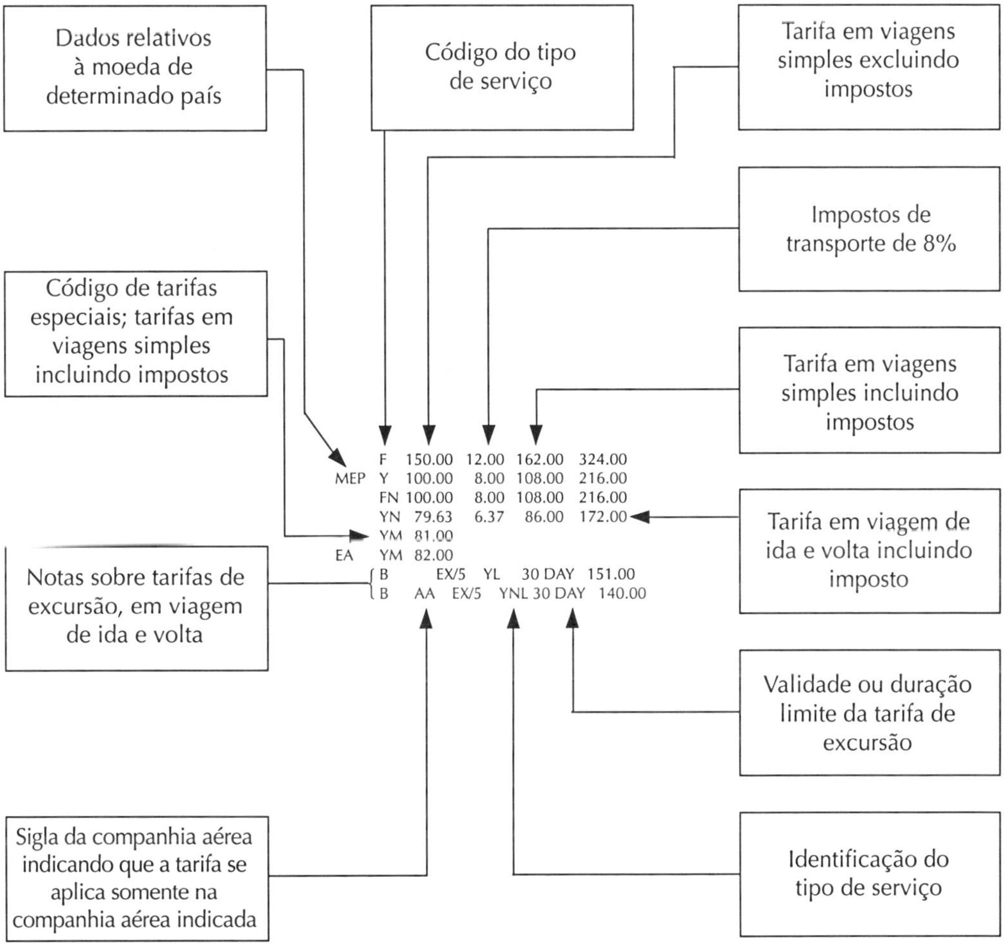

5. Dados sobre itinerários de vôos diretos

Os vôos diretos aparecem em ordem cronológica. Os horários correspondem sempre a horas locais. Leia os dados horizontalmente. Os dados de cada vôo direto aparecem em uma linha só, a menos que apareça outra linha com informação adicional. Encabeçam cada coluna localizados na parte superior esquerda de cada lista de página, indicando em que seqüência aparece a informação relativa ao itinerário do vôo.

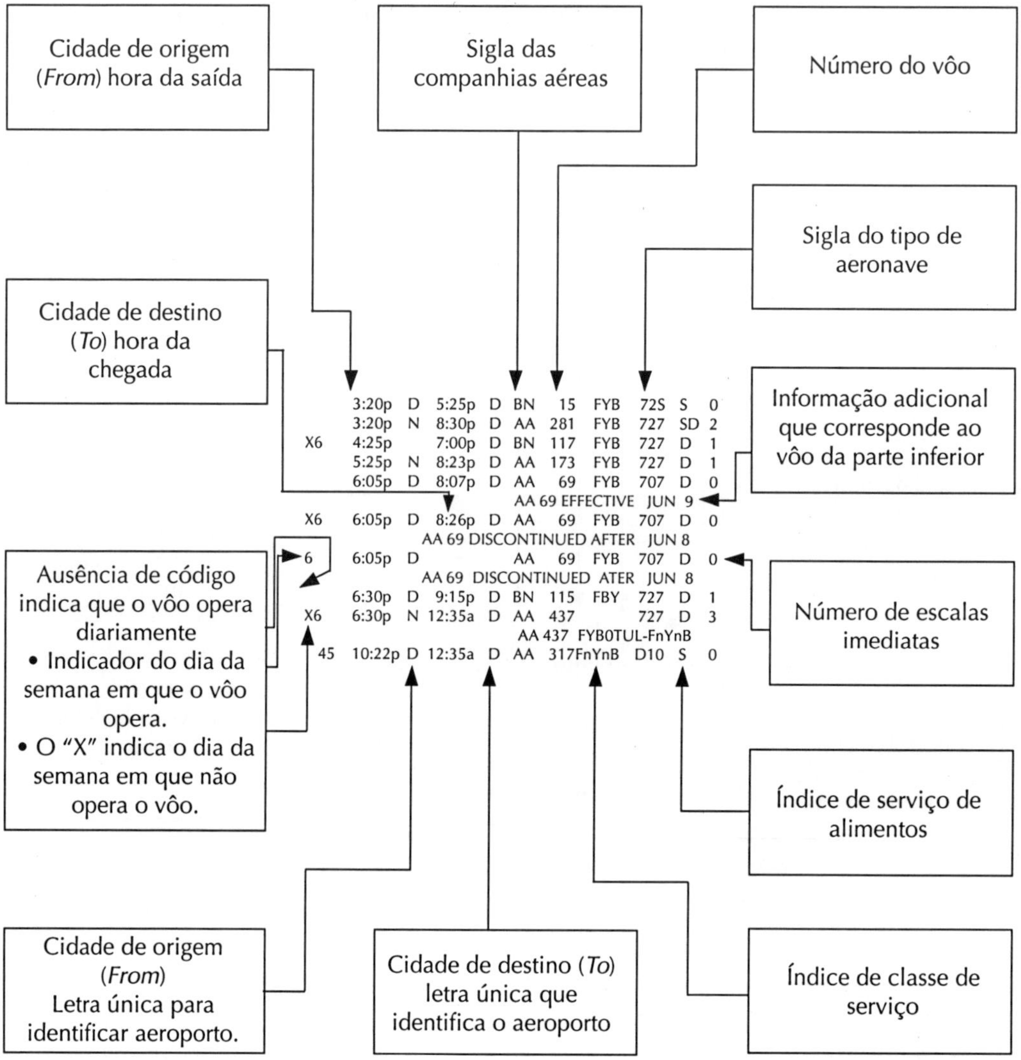

6. Dados sobre tarifas de vôos de conexão

As tarifas incluídas nesta publicação são aquelas acertadas pelo Conselho de Companhias Aéreas Civis, Comissão de Transporte Canadense e outras agências governamentais que estão envolvidas. As informações sobre tarifas em vôos de conexão, consistem em tarifas e rotas acertadas como oficiais e as informações apresentadas estão sujeitas a mudanças após notificação e aprovação das agências governamentais apropriadas.

Com o objetivo de determinar a tarifa correta para o serviço de conexão:

1. Selecione os vôos com conexão e a classe de serviço que vai usar (leia o item 7).
2. Determine o identificador da sigla da tarifa adequada que aparece entre parênteses na coluna esquerda oposta à segunda linha dos vôos selecionados.

Cada letra se refere ao tipo de serviço que se usa e indicador de tarifa. O tipo mais alto de serviço em qualquer vôo envolvido na conexão, sempre é identificado pela letra da esquerda, seguida da letra "s" por outros tipos disponíveis na ordem.

Um asterisco no indicador de tarifa indica que não se dispunha da informação específica sobre o tipo de serviço no momento em que se fez a publicação.

O símbolo @ no indicador esclarece que a tarifa calculada envolve uma classe B relativa à tarifa de excursão. A tarifa para esta combinação não estava disponível no momento da publicação.

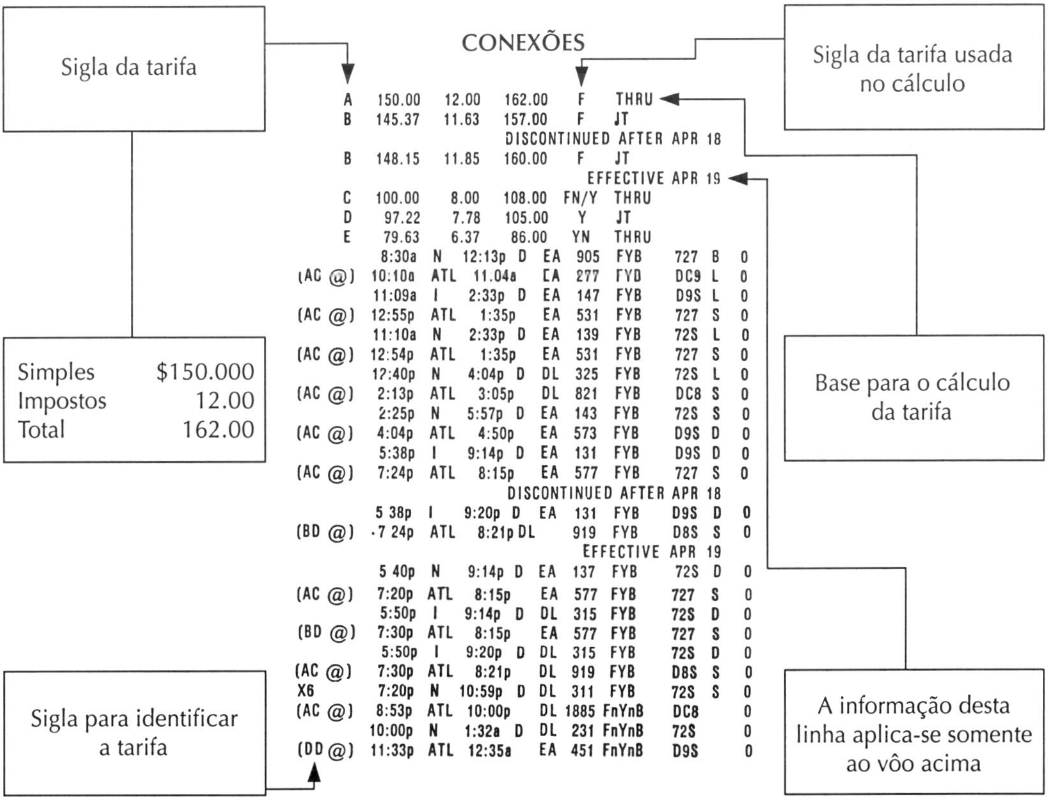

Depois de determinar a letra adequada na sigla da tarifa do identificador conforme o tipo de serviço que se está usando, calcule a tarifa referindo-se a companhia aérea da sigla da tarifa que começa com a mesma letra.

7. Dados sobre itinerários de vôos de conexão

Os vôos de conexão estão em ordem cronológica. Os horários aparecem em horas locais. Os dados de cada vôo devem ser lidos horizontalmente. Cada vôo de conexão aparece em duas linhas separadamente a menos que apareça uma linha adicional de informação.

O primeiro exemplo, o vôo 905 da Eastern Airlines, sai do aeroporto nacional de Washington às 8:30 a.m., e faz conexão com o vôo 277 da Eastern Airlines, o mesmo que chega a seu destino final, o aeroporto Ft. Worth (D) em Dallas às 12:13 a.m.

A informação da primeira linha se refere ao equipamento, comidas, etc. e se aplica no vôo de origem.

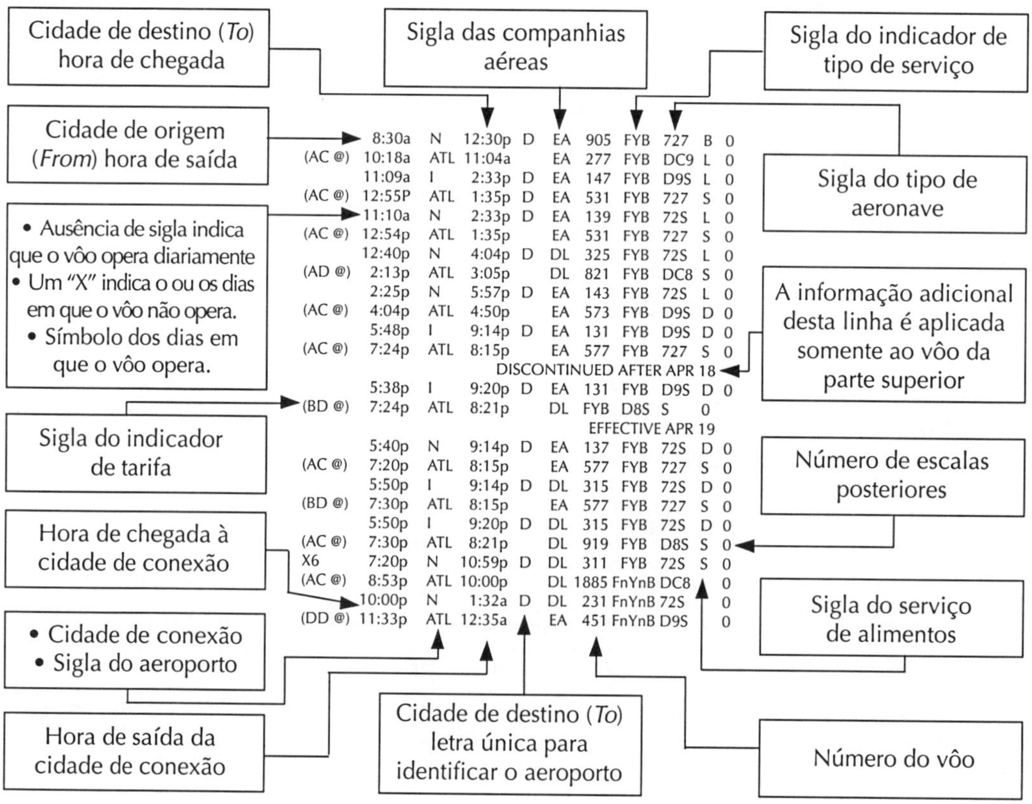

A informação da segunda linha corresponde à cidade de conexão, Atlanta (ATL), e o horário de chegada (10:18 a.m.) do vôo inicial de conexão de Eastern (EA) 905 e o horário de saída (11:04 a.m.) do vôo de conexão de Eastern (EA) 277. A outra informação da segunda linha se refere ao equipamento, comidas, etc. e se aplica ao vôo de conexão.

Quando não aparecem publicados nem vôos diretos nem conexões entre as cidades, poderão ser construídas conexões usando combinações de vôos diretos que unam as cidades da conexão logística.

Poderão ser usados quaisquer dos três seguintes métodos para determinar possível cidade de conexão:

1. Logo abaixo da cidade de origem (*From*) pode aparecer a seguinte informação: "Conex via ATL/BMA/SDF". As siglas dessas cidades podem representar conexões logísticas.
2. Retifique as cidades de origem (*From*) listadas abaixo da cidade considerada como destino final (*To*). Qualquer dessas cidades pode ser o ponto de conexão, levando em conta que as listas que aparecem nas páginas do *OAG* ratificam que existem vôos diretos do ponto de origem (*From*) à cidade de conexão e da cidade de conexão ao destino final (*To*). No caso de não haver vôos diretos, selecione outra cidade para fazer a conexão.
3. Usando o mapa dos Estados Unidos, de rotas das companhias aéreas, publicado nos exemplares de primavera e verão do OAG Travel Planner e o Hotel/Motel Guide, localize uma cidade de conexão entre a cidade de origem (*From*) e a cidade de destino (*To*), verifique nas colunas das páginas do OAG se existem vôos diretos para o ponto de conexão como indica no item 2.

Depois que a cidade de conexão tenha sido escolhida, retifique os itinerários dos vôos diretos para ambas as cidades: ponto de origem (*From*) ao ponto de conexão e do ponto de conexão ao ponto de destino. Depois selecione uma combinação com as horas de saída e chegada mais adequadas. Se não houver combinação adequada, escolha outra cidade para fazer a conexão. Verifique se há tempo suficiente entre os vôos, consultando o tempo mínimo de conexão no *OAG* em cada cidade de conexão. Certifique-se também de que todos os vôos pelos quais deseje fazer a conexão estejam vigorando no dia desejado. (Ver apêndice no final do capítulo.)

8. Dados sobre o tempo mínimo para fazer conexão

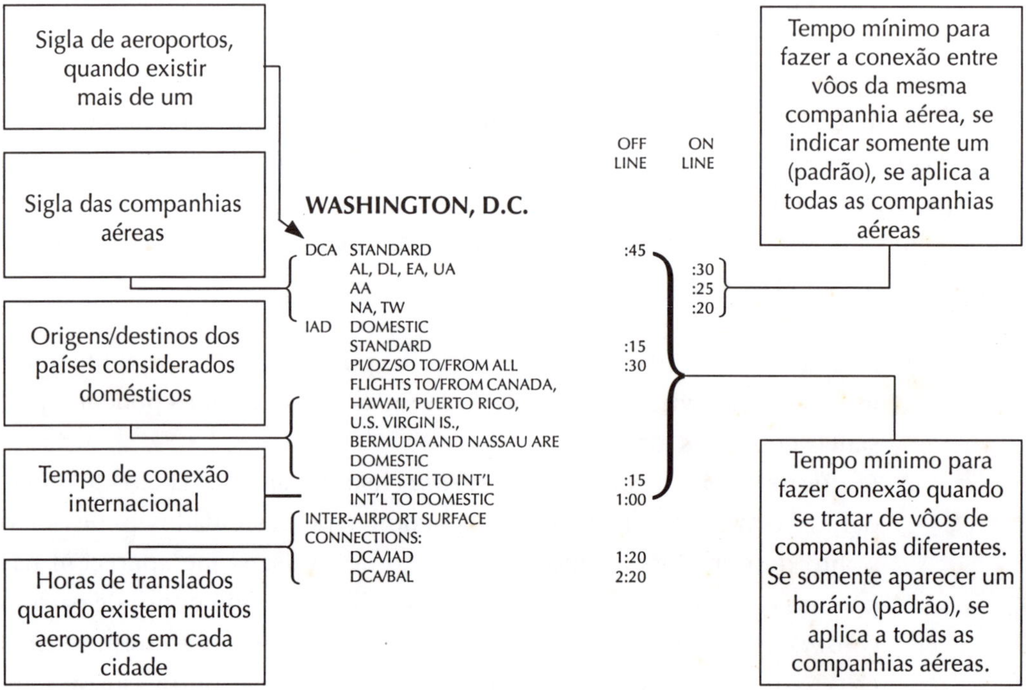

EXERCÍCIOS

I. Complete as frases com a palavra adequada

1. A edição dos Estados Unidos do *OAG* é uma publicação ______________ que inclui muitos dados relativos a ______________________.
2. A companhia de ______________________ The Reuben H. Donnelley Corporation, oferece às companhias aéreas e agências de ________________ e carga, sete publicações úteis.
3. O *Pocket Flight Guide* é uma importante publicação mensal que permite uma ______________________________ consulta sobre as mais de 19.000 ______________________ selecionados que operam nos Estados Unidos.
4. O *Travel Planner and Hotel/Motel Guide* aparecem quatro vezes ao ____________________________ e incluem informações para fazer ajustes de ______________________ em minutos.
5. O *Worldwide Tour Guide* serve ao agente para __________________ excursões a qualquer lugar do ____________________ em formulário adequado.

6. O *Worldwide Cruise and Shipline Guide*, servem para o agente localizar qualquer ________________ ou navegação de porto a ________________.
7. O *OAG* é uma rápida e fácil maneira de localizar itinerários de ________________ ________________ e informações ________________.
8. O *Local and Joint* inclui rotas e ________________ aéreas de vôos diretos e de ________________ dentro dos Estados Unidos.
9. A revista *Guia Aérea* é publicada ________________ e contém informações relativas a ________________, tarifas, impostos de transporte aéreo, informações sobre hotéis e agências de viagens.
10. O *OAG*, apesar do nome, não é uma publicação ________________, mas ampla fonte de ________________.

II. Responda às seguintes perguntas

1. Para que servem os manuais relacionados com a aviação comercial ao pessoal das companhias aéreas e agentes de viagens e carga?

____

____.

2. O que significa a sigla *OAG*?

____

____.

3. Que tipo de informações contém o *TIM*?

____

____.

4. Que tipo de informações contém a revista *Guia Aérea*?

____

____.

5. As informações sobre vôos publicadas no *OAG North American Edition* são referentes a cidades de que país?

____

____.

6. Com que freqüência se publica o *OAG North American Edition*?

____

____.

7. Por que é útil o *Pocket Flight Guide*?

____

____.

8. Que tipo de informação pode encontrar o agente de carga no *Air Cargo Guide*?

____

____.

9. Quantos exemplares do *Travel Planner and Hotel/Motel Guide* são publicados ao ano?

____

____.

10. Que pode planejar o agente de viagens com o *Worldwide Tour Guide*?

____

____.

III. Coloque nos parênteses a letra correspondente à palavra que completa a frase adequadamente

1. A sigla correspondente a "quinta-feira" é ( ).
2. A sigla correspondente a "exceto" é ( ).
3. A sigla correspondente a "terça-feira" é ( ).
4. A sigla correspondente a "comida" é ( ).
5. A sigla correspondente a "café da manhã" é ( ).
6. A sigla correspondente a "domingo" é ( ).
7. A sigla correspondente a "quarta-feira" é ( ).
8. A sigla correspondente a "jantar" é ( ).
9. A sigla correspondente a "comida rápida" é ( ).
10. A sigla correspondente a "segunda-feira" é ( ).

A. 1
B. 5
C. L
D. 6
E. 4
F. 7
G. X
H. C
I. B
J. D
K. S
L. 3
M. 2

IV. Coloque nos parênteses a opção que considerar correta

1. A sigla correspondente a Guadalajara é:
( ) GUA ( ) GAD ( ) GDL ( ) GRA

2. A sigla correspondente a Chihuahua é:
( ) CUU ( ) CHI ( ) CUA ( ) CPE

3. A sigla correspondente a Durango é:
( ) DRO ( ) DUS ( ) DUR ( ) DGO

4. A sigla correspondente a Guatemala é:
( ) GUA ( ) GDL ( ) GAO ( ) GRX

5. A sigla correspondente a Houston,Texas é:
( ) HTO ( ) HTN ( ) IAH ( ) IHA

6. A sigla JAL corresponde a:
( ) Jalisco ( ) Jalos ( ) Juticalpa ( ) Jalapa

7. A sigla JRS corresponde a:
( ) Jeréz ( ) Jerusalém ( ) Jackson ( ) Jefferson

8. A sigla ORY corresponde a um aeroporto de:
( ) Paris ( ) Orlando ( ) Orán ( ) Madri

9. A sigla JFK corresponde a um aeroporto de:
( ) Chicago ( ) Dallas ( ) Nova York ( ) Portland

10. A sigla YMX corresponde à cidade de:
( ) Yacuiba ( ) Yaondé ( ) Vancouver ( ) Montreal

DIÁLOGOS

A. Um funcionário novo de uma agência de viagens troca idéias sobre o uso do *OAG*, com o encarregado do departamento de bilhetes.

Hugo: O que é o *OAG*?

Luís: O *Official Airline Guide* é uma publicação mensal pela qual se pode encontrar informações relativas a itinerários de vôos e informações complementares como tarifas, transporte terrestre e tempos mínimos de conexão.

Hugo: Como poderia localizar os dados de um vôo?

Luís: É muito simples, primeiro tem de localizar a cidade de destino (*To*) que aparece em ordem alfabética e letra de forma, em geral, localizada na parte superior da página, apesar de que às vezes aparece na metade da página.

Hugo: Realmente é muito simples. Qual é o passo seguinte?

Luís: Depois se localiza a cidade de origem (*From*), que aparecerá em ordem alfabética abaixo da cidade de destino (*To*), em tipo de letra de forma um pouco menor.

Hugo: Nossa, como é útil esta publicação!

Luís: Com toda a certeza. Como poderá observar, inclui também informações adicionais sobre aluguel de carros, cartões de crédito aceitos pelas companhias aéreas e hotéis.

Hugo: Estou vendo. E não é só isso, contém também tabelas de horários e mapas de rotas aéreas de algumas companhias aéreas, bem como uma instrução para seu uso e um calendário atualizado.

B. O Sr. Souza, cliente da agência, faz algumas perguntas ao seu agente de viagem sobre as siglas que aparecem no cartão de vôo:

Sr. Martinez: Aqui está sua passagem Sr. Souza, está tudo certo.

Sr. Souza: Obrigado, Sr. Martinez, o senhor é muito gentil.

Sr. Martinez: Às suas ordens. Tem alguma dúvida?

Sr. Souza: Sim. Só por curiosidade, vejo que aparecem muitas siglas de números e letras, e gostaria de saber o significado delas.

Sr. Martinez: Claro. Por exemplo, estas siglas de três letras dispostas, de forma vertical, indicam o percurso nos Estados Unidos. Cada cidade está identificada com três letras.

Sr. Souza: O que acontece quando uma cidade tem mais de um aeroporto?

Sr. Martinez: Nesse caso, cada aeroporto tem uma sigla diferente, razão pela qual se anota na passagem a sigla do aeroporto em que o avião aterrissará.

Sr. Souza: Suponho que MEX é a sigla de México, SAT a de Santo Antonio, e DAL a de Dallas, somente não encontro relação da sigla JFK com Nova York.

Sr. Martinez: Bom, é que a sigla JFK refere-se ao aeroporto John F. Kennedy, uma vez que Nova York tem vários aeroportos, como o Newark, com a sigla EWR, e La Guardia, cuja sigla é LGA.

Sr. Souza: Que representa a letra Y que aparece na coluna *Fare Basis*?

Sr. Martinez: A letra Y indica que o senhor voa em classe turística no jato. Se aparecesse um F, seria primeira classe. Deseja saber mais alguma coisa?

Sr. Souza: Sim. O que quer dizer a sigla BN?

Sr. Martinez: Refere-se à companhia aérea que faz este trecho, ou seja, é a sigla da Braniff International. As companhias aéreas são identificadas com siglas de duas letras.

Apêndice

Siglas de freqüência

1	Segunda-feira
2	Terça-feira
3	Quarta-feira
4	Quinta-feira
5	Sexta-feira
6	Sábado
7	Domingo
X	Exceto

Siglas de alimentos

B	*Breakfast* (café da manhã)
D	*Dinner* (jantar)
L	*Lunch* (almoço)
S	*Snack* (alimento rápido)

Siglas de classe de serviço

A	Primeira classe em avião de hélice.
An	Primeira classe em avião de hélice, vôo noturno.
B	Classe turística em avião de hélice, para vôos com tarifas de excursão controladas.
C	Hélice econômico
F	Primeira classe em jato.
Fn	Primeira classe em jato, vôo noturno.
Fo	Primeira classe fora de temporada.
J	Classe de serviço limitado disponível de segunda-feira à quinta-feira somente, aceitação de reservas mediante a compra da passagem, com sete dias de antecedência da saída.
K	Jato econômico (dentro dos Estados Unidos).
Kn	Jato econômico, vôo noturno.
L	Classe turística em jato, para vôos com tarifas de excursão controladas.
S	Classe única em jato ou hélice.
Sn	Classe única em jato ou hélice, vôo noturno.
T	Classe turística em avião de hélice.
Tn	Classe turística em avião de hélice, vôo noturno.
U	Vôo sem serviço de reservas.
Y	Classe turística em jatos.
Yn	Classe turística em jato, vôo noturno.

Siglas de fuso horário. Horário com base no tempo do meridiano de Greenwich (GMT).

		Standard (S)	Day-Light (D)
A	Atlantic	- 4	- 3

A	Alaska	- 10	- 9
B	Bering	- 11	- 10
C	Central	- 6	- 5
E	Eastern	- 5	- 4
H	Hawaii	- 10	
M	Mountain	- 7	
N	New Found Land	- 3,5	- 2,5
P	Pacific	- 8	- 7
Y	Yukon	- 9	- 8
D	Day Light		
S	Standard		
T	Time		
EST	Eastern Standard Time		
-	Diminuição de horas do tempo do meridiano de Greenwich (GMT).		

Siglas de marca e tipo de avião

Sigla	**Descrição**
Equipamentos de hélice	
ACD	Aero Commander
A24	Antonov 24
A50	Aero Commander 500
BBR	Beech Baron
BNI	Britten-Norman Islander
BTP	Beechcraft turbo prop
BI8	Beechcraft D-18 (todas as séries)
B80	Beech Queen 80
B99	Beech 99
CES	Cessna/ Cessna 206
CNA	Cessna (all series)
CVR	Convair (General designator)
CV2	Convair 240
CV4	Convair 440 Metropolitan
CVS	Convair 580 turbo-prop.
CV6	Convair 600/convair 640
DBV	De Havilland Beaver
DC3	Douglas DC-3-Dakota C-47
DC6	Douglas DC-6
DDV	De Havilland Dove

DHC	De Havilland DHC-A carii 300
DHO	De Havilland otter
DTO	De Havilland twin otter
FN7	Fokker Fnendship turbo-prop FN227
F27	Fokker Friendship turbo-prop F-27
GGM	Grumman Mallard
GGS	Grumman G-21A Goose
NRN	De Havilland Heron
LEC	Lockheed Electra turbo-prop
L07	L749 Constellation
M02	Mooney Mark 20-A
MR4	Martin 404
N26	Nord 262/Super Broussard
PAZ	Piper Aztec
PCB	Cessna 207 Turbo System
PCH	Piper Cherokee
PDS	De Havilland Skyliner
PNP	Handley-page 137 jets tream
PNV	Piper Navajo
PPS	Piper Seneca
PRP	Prop Aircraft Type Varies
PTC	Piper Twin Comanche
SWM	Swgaringer Metro
SSS	Skorsky S-SS helicopter
S61	Skorsky S-61 helicopter
TBS	Twinbeech 18
Yll	Namco YS-I I
Y14	llyushin IL-14
Y15	llyushin IL-18
402	Cessna 402 Twin Turbo System
601	Aerostar 601
748	Hawker Siddeley 748

Sigla	**Descrição**

Equipamentos jatos

B11	BAC 111 (General designator)
B3J	Boeing 707-320 FAN jet
DC8	Douglas DC8 (all seAes)

DC9	Douglas DC9 (all sexes)
D10	Douglas DCI0 (all series)
D8S	Douglas DC8 super 60 sexes
D9S	Douglas DC9 super
D95	Douglas DC9 super 50 senes
F28	Fokker Fellowship jet F28
LJT	Lear jet
L10	Lockheed 1011 tnster
S11	BAC 111-500
707	Boeing 707 (all series)
72S	Boeing 727-200
720	Boeing 720 (all series)
727	Boeing 727 Passenger Jet (all Series)
73S	Boeing 737-200
747	Boeing 737 (all series)
737	Boeing 747 (all series)

Sigla das companhias aéreas certificadas

Sigla	**Companhia aérea**
AA	American Airlines
AC	Air Canada
AF	Air France
AL	Allegheny Airlines
AM	Aero México
AP	Aspen Airways inc.
AS	Alaskan Airlines
AT	Royal Air Maroc
AV	Avianca
AZ	Alitalia
BA	British Airways
BH	Turks And Caicos Is.
BL	Air BVI LTD
BN	Braniff Int. Airways
BT	Air Martinique
CD	Trans Provincial Airlines LTD.
CI	China Airlines
CO	Continental Airlines
CP	CP Air

CU	Cubana Airlines
DG	Arrow Aviation LTD
DL	Delta Airlines Inc.
DO	Dominicana de Aviación
EA	Eastem Airlines
EM	Golfe Air Quebec, LTD
FL	Frontier Airlines
FO	Aerovias Caribe
FW	Wright Airlines
GU	Aviateca
GX	Great Lakes Airlines, LTD
HA	Hawaian Airlines
HC	Haiti Air Inter
HF	First Air
HS	Hooker Air Services LTD
HU	Trinidad and Tobago Air Services LTD
IB	Iberia
PR	Philippine Airlines
JL	Japan Airlines, CO.
JM	Air Jamaica LTD
KL	KLM Royal Dutch Airlines
LA	Lan Chile
LN	Lufthansa Gemman Airlines
MX	Mexicana de Aviación
NA	National Airlines
NC	North Central Airlines
NR	Norontair
NW	Northwest Orient Airlines Inc.
OA	Olympic Airways
OD	Aerocondor
OH	Sfo Helicopter Airlines Inc.
OP	Air Panama International
OZ	Ozark Air Lines
PA	Panamerican World Airways
PI	Piedmont Aviation
QF	Quantas Airways LTD
TI	Texas International Airlines
TS	Aloma Airlines
TW	Trans World Airlines
UA	United Airlines

UH	Austin Airways LTD
UP	Bahamasair
UW	Midwest Airlines LTD
VA	Viasa
VG	Air Siam
VY	Alas del Caribe
WA	Western Airlines
WC	Wien Air Alaska, inc.
WM	Windward Island
WS	Northem Wings LTD
WY	Wagner Aviation LTD
XY	Munz Northem Airlines inc.
ZC	Atlantic Central Airlines LTD

Siglas de algumas cidades no mundo

Sigla	**Cidade e país**
ABA	Abadan, Irã
ACA	Acapulco, México
ATH	Atenas, Grécia
ATL	Atlanta, Geórgia, EUA
AUS	Austin, Texas, EUA.
BEY	Beirute, Líbano
BGW	Bagdá, Iraque
BIO	Bilbao, Espanha
BUE	Buenos Aires, Argentina
BUF	Buffalo, Nova York, EUA
CAS	Casablanca, Marrocos
CCU	Calcutá, Índia
CPE	Campeche, México
CUU	Chihuahua, México
CZM	Cozumel, México
DAL	Dallas, Texas, EUA
DAM	Damasco, Síria
DEN	Denver, Colorado, EUA
DGO	Durango, México
DUB	Dublin, Irlanda
EDI	Edinburgh, Escócia
EMD	Emerald, Austrália
ESB	Ankara, Turquia

ESE	Ensenada, México
EWN	Nova York, Aeroporto Newark
FAI	Fairbanks, Alaska, EUA
FAT	Fresno, Califórnia, EUA
FCO	Roma, Itália, Aeroporto Leonardo da Vinci
FRA	Frankfurt, Alemanha
FUK	Fukuoka, Japão
GAO	Guantanamo, Cuba
GDL	Guadalajara, México
GRA	Granada, Espanha
GUA	Guatemala, Guatemala
GYM	Guaymas, México
HAM	Hamburgo, Alemanha
HAV	Havana, Cuba
HEL	Helsinki, Finlândia
HER	Heraklion, Grécia
HMO	Hemmosillo, México
IAH	Houston, Texas, EUA
IGL	Izmir, Turquia
IGU	Foz do Iguaçu, Brasil
IQT	Iquitos, Peru
ITO	Hito, Havaí, EUA
JAL	Jalapa, México
JFK	Nova York, Aeroporto John F. Kennedy
JMK	Mikonos, Grécia
JRS	Jerusalém, Israel
JUT	Juticalpa, Honduras
KOA	Kona, Havaí, EUA
KTM	Kathmandu, Nepal
KTV	Kamarata, Venezuela
KWI	Kuwait, Kuwait
KYU	Koyukuk, Alaska, EUA
LAP	La Paz, México
LAS	Las Vegas, Nevada, EUA
LAX	Los Angeles, Califórnia, EUA
LGA	Nova York, Aeroporto La Guardia, EUA
LIM	Lima, Peru
MAD	Madri, Espanha
MAM	Matamoros, México
MAR	Maracaibo, Venezuela

MEX	México, México
MXL	Mexicali, México
NAS	Nassau, Bahamas
NCE	Nice, França
NLD	Novo Laredo, México
NYC	Nova York, EUA
NYU	Nyaung-u, Myanmá (ex-Birmânia)
OAG	Orange, Austrália
OAX	Oaxaca, México
CDB	Córdoba, Espanha
ORN	Oran, Argélia
ORY	Paris, França, Aeroporto Orly
PAZ	Poza Rica, México
PMI	Palma de Mallorca, Espanha
PTY	Panamá, Panamá
PVR	Puerto Vallarta, México
PXM	Puerto Escondido, México
QBC	Bella Coola, B. C., Canadá
RAK	Marrakech, Marrocos
REX	Reynosa, México
RIO	Rio de Janeiro, Brasil
RTM	Rotterdam, Holanda
RZR	Ramsar, Irã
SAL	San Salvador, El Salvador
SDV	Tel-Aviv, Israel
SJB	San Joaquin, Bolívia
SJU	San Juan, Porto Rico
SXF	Berlim, Alemanha
TAM	Tampico, México
TAP	Tapachula, México
TCN	Tehuacan, México
TGZ	Tuxtla Gutierrez, México
TOB	Tobruk, Líbia
UDR	Uadipur, Índia
UIO	Quito, Equador
UPN	Uruapan, México
URM	Urinam, Venezuela
UYL	Nyala, Sudão
VAE	Valles, México
VAF	Valence, França

VER	Veracruz, México
VRN	Verona, Itália
VSA	Villahermosa, México
WGT	Tecate, México
WNP	Windarra, Filipinas
WUU	Waw, Sudão
WXB	Puerto Plata, República Dominicana
WYK	San Pedro, Califórnia, EUA
XLS	St. Louis, Senegal
XMH	Manihi, Polinésia
XRY	Jerez de la Frontera, Espanha
XSC	South Caicos, BWI
YAC	Yacuiba, Bolívia
YAO	Yaondé, Camarão
YGJ	Yonago, Japão
YMX	Montreal, Canadá
YVR	Vancouver, Canadá
ZAG	Zagreb, Croácia
ZAZ	Zaragoza, Espanha
ZIM	Zihuatanejo, México

Capítulo 11

PASSAGENS

Passagem aérea é o documento com o qual o passageiro comprova que a tarifa de transporte aéreo foi paga.

As passagens aéreas podem ser expedidas tanto nos escritórios das próprias companhias aéreas como nas agências de viagens.

As companhias aéreas dispõem de vários escritórios, distribuídos em diferentes pontos da cidade e no aeroporto, onde as passagens podem ser expedidas. As pessoas dedicadas a esta atividade nas companhias aéreas são os agentes de emissão. Uma vez que o futuro agente de emissão é aceito pela companhia aérea, deverá passar por um período de treinamento, ainda que posteriormente continue recebendo cursos com freqüência, já que muito rapidamente mudam as tarifas, e o agente deve estar atualizado em matéria de passagens. A passagem consta fundamentalmente de cupons, capa e contracapa. Os cupons podem ser de quatro tipos: cupom do auditor (verde), cupom de vôo (amarelo), cupom do agente (rosa) e cupom do passageiro (branco). O cupom do auditor é aquele que se anexa ao relatório de vendas que serve para efeitos contábeis. Com relação aos cupons de vôo, cada passagem pode incluir de um a quatro, e cada cupom cobre uma parte do vôo (Fig. 11.1).

Nos casos em que o itinerário requeira mais de quatro cupons de vôo, o agente poderá expedir tantas passagens de conexão quantas sejam necessárias, sempre da mesma série; ou seja, que todas tenham a mesma quantidade de cupons e que sua numeração seja consecutiva, devendo emitir-se em ordem crescente do menor ao maior.

O cupom de agente é praticamente uma cópia dos de vôo, só que este fica com o agente, caso seja necessário esclarecimento posterior.

Cupom de Auditor

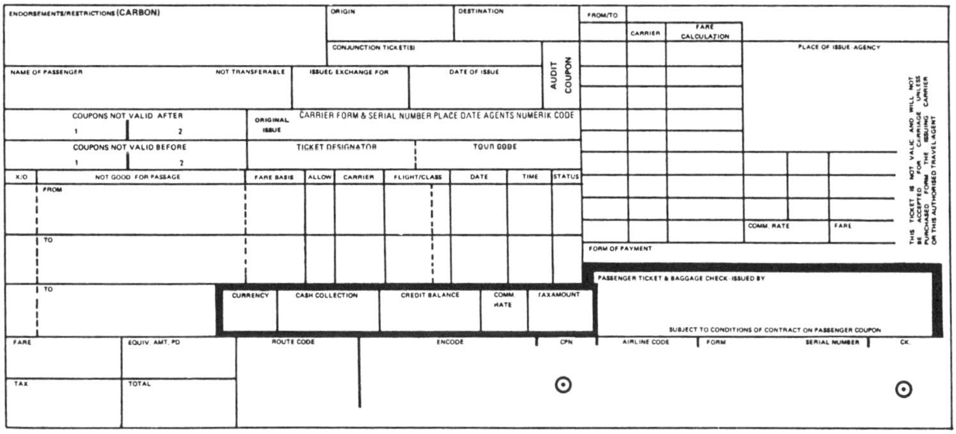

Fig. 11.1. Cupom de auditor.

Este último cupom aparece exclusivamente nas passagens expedidas nas agências de viagens, não nas expedidas em escritórios de emissão das companhias aéreas; o cupom de passageiro constitui o recibo de pagamento e a constância da viagem do passageiro. Por último, a capa inclui o número e a série da passagem, e a contracapa uma cópia do cupom de vôo e as condições de contrato estabelecidas pelas leis de comunicação e transportes. Cada cupom inclui em sua estrutura uma série de espaços (Fig. 11.2) para que a pessoa que expede a passagem complete com os seguintes dados:

1. Nome do passageiro.
2. Escritório que expediu a passagem (companhia aérea ou agência de viagem).
3. Sigla da excursão (IT).
4. Data de expedição.
5. Pontos de origem, intermediários e destino.
6. Companhia transportadora (em cada trecho).
7. Sigla e número de vôo.
8. Tipo de tarifa aplicada.
9. Tarifa e imposto.
10. Hora de saída do vôo.
11. Situação da reserva. (Conformidade OK, solicitada RQ.)
12. Peso permitido da bagagem.
13. Peso documentado da bagagem.
14. Peso não-documentado da bagagem.
15. Número de passagens de conexão.

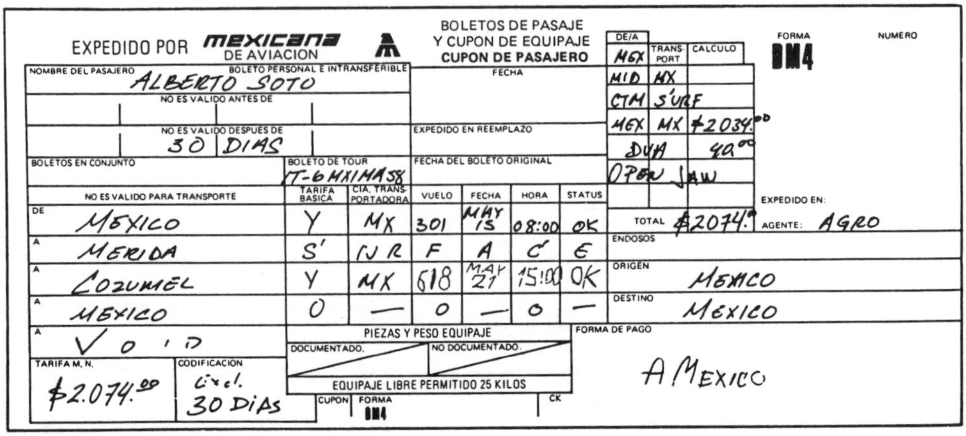

Fig. 11.2. Bilhete de quatro cupons de vôo da Empresa Mexicana de Aviação.

16. Forma de pagamento.
17. Endossos.

Ordem de troca. É documento expedido a favor do passageiro[1] que é trocado por muitos serviços, como: serviços terrestres, passagem pré-paga (PTA), excesso de bagagem, reembolso, etc.

Tarifas. As tarifas de transporte aéreo entre um mesmo ponto de origem e destino, podem variar em função de muitos fatores. As tarifas se dividem em normais e especiais.

Tarifas Normais

As tarifas normais são aquelas que têm vigência de um ano a partir da data da expedição da passagem. Tanto as tarifas normais como as especiais podem variar em função da idade do passageiro. Assim, um bebê até a idade de dois anos não paga passagem em determinadas rotas, sempre que esteja acompanhado de um adulto e que não ocupe poltrona. Em algumas rotas paga-se 10% da tarifa paga pelo adulto com quem viaja. Essa categoria de passageiros é chamada de infantil. As crianças de 2 a 12 anos pagam somente 50% de qualquer tarifa.

[1] Este documento não pode ser utilizado como cupom de vôo.

Tarifas Especiais

Tarifas de excursão. Existe grande variedade de tarifas de excursão, as quais tem de balizar-se por algumas normas. Para que elas possam ser aplicadas, deverá a viagem ser de ida e volta em classe turística, devendo permanecer no destino um mínimo de dias, não podendo prolongar sua estada nesta cidade, depois de uma data limite. Essas tarifas podem também variar dependendo da temporada em que se aplique. A alta temporada é a época do ano em que aumenta a demanda, e em conseqüência as tarifas aumentam. A temporada intermediária e a baixa são aquelas em que há pouca demanda e, por conseguinte, as tarifas são mais baixas. Também podem variar dependendo do dia e hora da saída. Em geral há aumento de tarifas aos fins de semana.

Tarifas juvenis. Estas tarifas se aplicam aos jovens cuja idade varia entre 12 e 25 anos.

Tarifas para grupos. Este tipo de tarifas é aplicado sempre que se reúne certa quantidade de passageiros e a tarifa tem data limite.

Tarifas familiares. Estas tarifas são muito comuns nos Estados Unidos e se aplicam quando toda a família viaja junta (pai e filhos). Nesse caso, um dos cônjuges paga a tarifa completa e o outro paga somente 75%. Os filhos pagam somente 50%.

Tarifas para estudantes. Estas tarifas se aplicam a passageiros que comprovem que estudem em determinada instituição no exterior, mediante formulário especial preenchido e assinado pelo diretor do colégio, no qual conste que o futuro aluno estudará nesta instituição durante determinado tempo. Com freqüência, se aplicam essas tarifas a estudantes que viajam entre América e Europa com descontos consideráveis.

Existem também outros tipos de tarifas econômicas, as quais se aplicam a militares, peregrinos e imigrantes.

Milhagem

A milhagem se aplica somente em serviço internacional e serve para determinar rotas diferentes das publicações no IATT e sem encargos adicionais ao passageiro. Certifique-se de que a milhagem total percorrida pelo passageiro não exceda 20% sobre as milhagens da rota mais direta entre o ponto de origem e o ponto de destino, retorno ou construído. Caso exceda a 20%, serão aplicados encargos adicionais.

A construção de rotas pelo princípio de milhagem deriva-se de três fontes de informação, próprias do IATT.

a) Tabelas de milhagem (de vôos sem escala) entre as principais cidades do mundo.
b) Milhagem máxima (MpM) autorizada (milhagem real + 20% dela) entre pontos de origem e destino, sem encargos adicionais.
c) Tabela de porcentagem a cobrar quando o percurso exceda a máxima autorizada.

Para certificar-se de que a rota desejada pelo passageiro esteja autorizada pela aplicação de milhagens e sem encargos adicionais, é necessário seguir os seguintes passos:

a) Somente as várias milhagens existentes entre os pontos do percurso do passageiro, mesmo quando este não faça escala neles.
b) Comparar a soma total de milhagem do percurso com a milhagem (MpM) própria da tarifa a ser aplicada.
c) Se a soma total for menor ou igual à máxima milhagem autorizada, aplique a tarifa própria de MpM, sem encargos adicionais.
d) Mas, se a soma total exceder em 5, 10, 15, 20 ou 25% sobre o MpM, aplicar encargos respectivamente de 5, 10, 15, 20 ou 25% sobre a tarifa mais alta do percurso.

Levar em conta que:

a) Se a soma total ultrapassar 25% do MpM, *não deverá aplicar-se a regra anterior*.
b) A milhagem publicada é para viagens simples, meias viagens de ida e volta e setores de viagens de circuito. Não deve ser usada a dupla viagem simples para viagens ida e volta.
c) Se há mais de uma tarifa e mais de uma milhagem publicada, usar aquela milhagem que melhor corresponda ao percurso real do passageiro.
d) Ao fazer uso da *milhagem*, poderá efetuar somente uma escala voluntária em cada ponto, sem encargos adicionais.
e) Se existe uma tarifa mais alta entre o ponto de origem e um ponto intermediário, ou entre o ponto de destino e um ponto intermediário, ou entre pontos intermediários, usa-se a tarifa mais alta. Caso sejam várias, a mais alta de todas.

Geralmente, as tarifas publicadas prevalecerão sobre as construídas, ou seja, se a tarifa de origem ao destino, retorno ou construção é maior que a soma dos setores, deve prevalecer a tarifa publicada sobre a construída; isto independentemente do método de construção utilizado.

Formas de pagamento. As passagens podem ser pagas da seguinte maneira:

a) Em dinheiro ou cheque.
b) Com cartão de crédito (Diners, American Express, Bancomer, Visa, etc.).
c) Crédito aéreo (outorgado pela própria companhia aérea em relação com alguma instituição de crédito).

BSP. O BSP (Bank Settlement Plan) ou sistema bancário planificado; é um novo sistema para agilizar o controle e a administração das vendas e seus pagamentos de transporte aéreo internacional, feitos pelas agências de viagens. Este sistema foi organizado pelas companhias aéreas e agentes de viagens de todo o mundo. Para tanto foi determinado um banco para realizar as seguintes funções:

a) Recepção de relatório de vendas dos agentes de vendas.
b) Envio da situação da conta aos agentes de vendas.
c) Recepção e remessa dos agentes de vendas.
d) Desenvolvimento de outras funções especificadas no regulamento de vendas realizadas pelos agentes.

O BSP, que opera em vários países, representa para os agentes de viagens as seguintes vantagens:

a) Simplificação de emissão de passagens em razão do uso de documentos de trânsito uniformes.
b) Economia de tempo na distribuição de documentos de trânsito a cada agente, sem necessidade de solicitação.
c) Relatórios de vendas mais simples e a facilidade de relatar todas as vendas ao banco, em vez de comunicar a cada uma das companhias aéreas.
d) O pagamento das vendas é muito mais simples, pois são feitos unicamente dois pagamentos ao mês no banco, em lugar de fazer dois pagamentos mensais a cada uma das companhias aéreas.
e) O banco proporciona ao agente, sem custo algum, estatísticas de vendas feitas por cada agência a cada companhia aérea, etc.

O BSP não é privilégio exclusivo das companhias IATA, mas também das companhias não-filiadas a ela. Uma vez que a companhia aceite o sistema, a direção do banco oferece os documentos padrão de trânsito e de formulários administrativos, assim como um dispositivo para imprimir passagens, que deve incluir a legalização do agente, a identificação da companhia aérea e a data de expedição. Podem haver duas, três ou quatro datas para apresentar o relatório de vendas em formulário especial à agência que anexa os cupons de auditor.

DOCUMENTAÇÃO

Existem dois tipos de documentação: *a)* documento de trânsito; *b)* formulários administrativos.

São enviadas as documentações mencionadas aos agentes a cada quatro meses. Os agentes fazem periodicamente o envio direto ao banco de liquidação, que por sua vez se encarrega de pagar às companhias aéreas BSP envolvidas.

O banco entrega os cupons de auditor e os formulários administrativos às companhias aéreas, e posteriormente elas expedem seus cheques em favor das agências em forma de comissões pelas vendas realizadas, com o acordo de que qualquer erro ocorrido será ajustado por memorando enviado à agência, seja de crédito ou débito correspondente ao período em questão.

Documentos de tráfego

No sistema BSP é usado um tipo somente de documento de tráfego, ou seja, cartão de embarque (para o passageiro), cupom de bagagem (2 e 4 cupons) e ordens de troca (MCO) de um dos cupons, o que assegura uniformidade que favorece os agentes de viagens, as companhias aéreas e os passageiros (Fig. 11.3).

Nenhuma agência BSP deverá ter em seu poder passagens internacionais pertencentes a alguma companhia aérea particular. Para as vendas de transporte aéreo internacional, as agências de viagens somente poderão usar os documentos de tráfego BSP.

CARTÃO DE VÔO

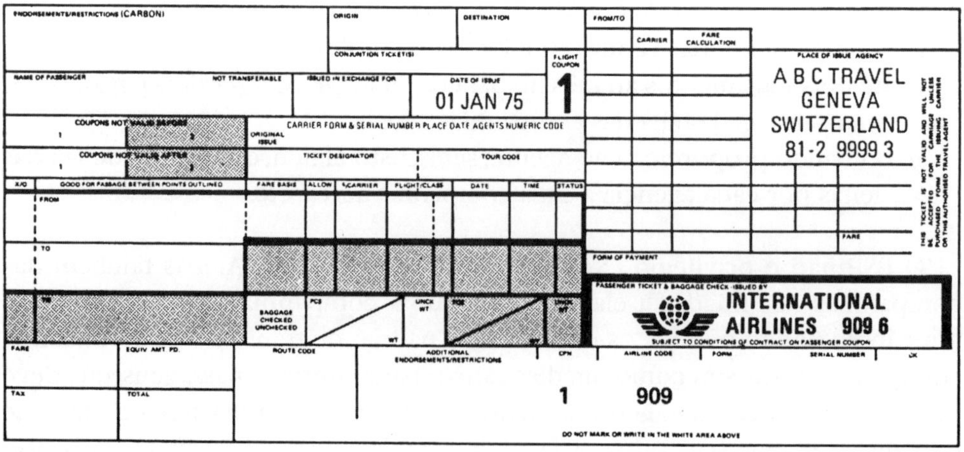

Fig. 11.3. Cartão de vôo.

Se a agência expedir documento de tráfego, deverá autenticá-lo em máquina especial que registra na passagem os seguintes dados:

a) Data de emissão da passagem.
b) Nome, sede e sigla IATA da agência que emite a passagem.
c) Nome e sigla IATA da companhia aérea em cujo nome o agente emitirá a passagem.

De acordo com as regras vigentes, os documentos de trânsito devem ser emitidos em ordem numérica.

Características das passagens de passageiros e o cupom de bagagem:

A cor da capa indica o número de cupons[2] de vôo, ou seja:

Laranja	Um cupom
Vermelho	Dois cupons
Azul	Quatro cupons

As condições do contrato aparecem no verso da passagem do passageiro (Fig. 11.4).

Características das ordens de modelos de câmbio. A capa da ordem de câmbio é uma folha destacável que é descartada depois da validação. Os termos e

CONTRACAPA

ADVICE TO INTERNATIONAL PASSENGERS ON LIMITATION OF LIABILITY

Passengers on a journey involving an ultimate destination or a stop in a country other than the country of origin are advised that the provisions of a treaty know as the Wasaw Convention may be applicable to the entire journey, including any portion entirely within the country of origin or destination. For such passengers on a journey, to, from, or with an agreed stopping place in the United States of America, the Convention and special contracts of carriage embodiend in applicable tariffs provide that the liability of certain carriers, parties to such special contracts, for death of or personal injury to passengers is limited in most cases to proven damages not to exceed U. S. $75.000 per passengers, and that this liability up the such limit shall not depend on negligence on the part of the carrier. The limit of liability of U. S. $75.000 above is inclusive of legal fees and cost except that in case of a claim brought in a state where provision is made for separate award of legal fees and costs, the limit shall be the sum of U. S. $58.000 exclusive of legal fees and costs. For such passengers traveling by a carrier not a party to such special contracts or on a journey not to, from, or having an agreed stopping place in the United States of America, liability of the carrier for death or personal injury to passengers is limited in most cases to approximately U. S. $10,000 or U. S. $20,000.

The names of carriers, parties to such special contracts, are available at all ticket offices of such carriers and may be examined on request.

Additional protection can usually be obtained by purchasing insurance from a private company. Such insurance is not affected by any limitation of the carrier's liability under the Warsaw Convention or such special contracts of carriage. For further information please consult your airline or insurance company representative.

Fig. 11.4. Contracapa.

[2] No México, existem somente de dois a quatro cupons.

Cartão do Passageiro

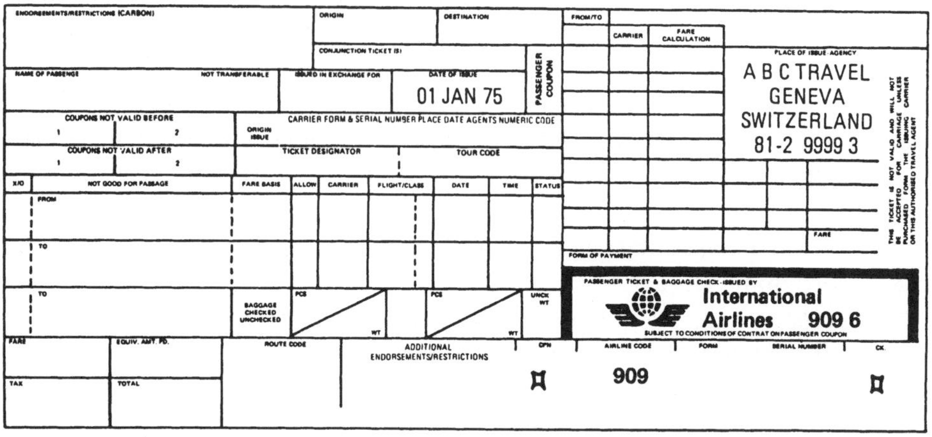

Fig. 11.5. Cartão do passageiro.

condições aplicáveis à MCO aparecem no verso do cartão do passageiro. O número de cartões contido na MCO está indicado na capa, apesar de que no México as MCO são todas de um cartão (Fig. 11.5).

Em cada cartão aparece diagonalmente impressa a frase: "cancelado" (VOID) se o total exceder a US$ 280 ou equivalente, a menos que seja para excursão específica.

Formulários administrativos

O PMR (Plan Management Representative) se encarrega de distribuir estes formulários às agências de viagens e às companhias aéreas.

Os formulários usados pelos agentes de viagens são os seguintes:

a) relatório de vendas; *b)* aviso de reembolso e *c)* formulário para débito em cartão de crédito.

Estes formulários administrativos podem ser preenchidos em inglês ou na língua oficial da área em que o documento BSP está sendo expedido, devendo ser autenticados ao serem expedidos.

Relatório de vendas. Este documento é feito em original e cópia; pode ser preenchido à máquina ou à mão (Fig. 11.6) e serve ao agente para relatar todas as transações realizadas dentro de período determinado ao banco e contém os seguintes dados:

Cópia Original

AGENCY SALES TRANSMITTAL FORM	Page of (Total) Date of issue	Reporting Period From . . . . To.	ORIGINAL - Clearing Bank Place of issue - Agency
From Opening Form & Serial No. of Tickets/MCOs ck.	To Closing Form & Serial No. of Tickets/MCOs ck.	Remarks (Reserved for Clearing Bank Use)	
3	3		No. of enclosed Refund Notices . . . . . . ADM . . . . ACM . . . . Total . . . .
3	3		
3	3		
3	3		
3	3		Agent's Signature
3	3		
3	3		
3	3		X . . . .

Fig. 11.6. Outro formulário para demonstrar relatórios de vendas das agências.

a) Vendas em dinheiro.
b) Vendas a crédito
c) Ordens de câmbio.
d) Reembolsos.
e) Documento modelo de vôos cancelados.
f) Avisos de crédito de agências recebidos.
g) Avisos de débito de agências recebidos.

Aviso de reembolso. Este documento (Fig. 11.7) é expedido pelo agente quando existir reembolso integral ou parcial. O agente o relata em nota de reembolso ao banco, mesmo que ajuste a conta do cliente com base nos novos dados. Usa-se aviso de reembolso para relatar cada transação de reembolso. O aviso de reembolso consta de:

Folha de instruções destacável.
Folha original para o agente.
Cópia.

Uma vez que este documento seja autenticado e que a folha de instruções se desprende e se descarta, o agente mantém a folha original durante dois anos para qualquer esclarecimento, e a copia é enviada pelo agente ao banco, anexo ao relatório de vendas.

CÓPIA ORIGINAL

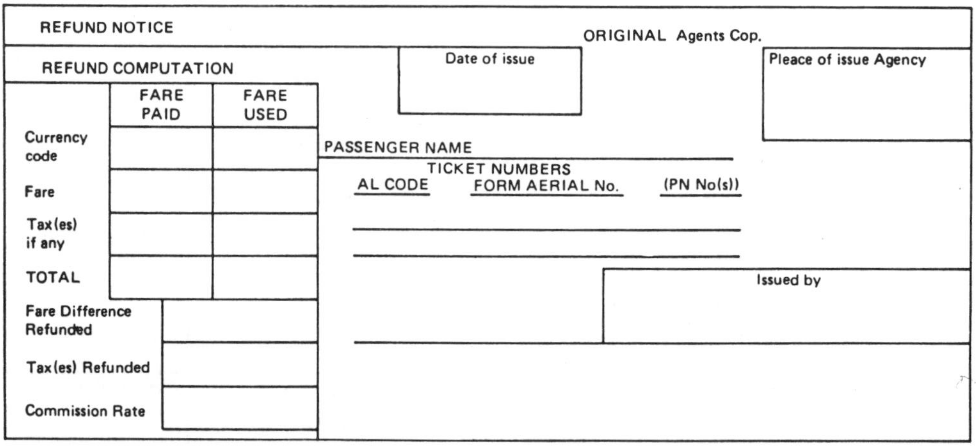

REFUND NOTICE

ORIGINAL Agents Cop.

REFUND COMPUTATION

	FARE PAID	FARE USED
Currency code		
Fare		
Tax(es) if any		
TOTAL		

Fare Difference Refunded

Tax(es) Refunded

Commission Rate

Date of issue

Pleace of issue Agency

PASSENGER NAME

TICKET NUMBERS

AL CODE FORM AERIAL No. (PN No(s))

Issued by

Fig. 11.7. Aviso de reembolso.

Formulário para débito em cartão de crédito (CCCF).[3] Este documento é oferecido pelo agente quando expede documento de trânsito integral ou parcialmente pago por cartão de crédito reconhecido pela companhia aérea envolvida (Fig. 11.8). O CCCF consta de:

FORMULÁRIO DE CARTÃO DE CRÉDITO

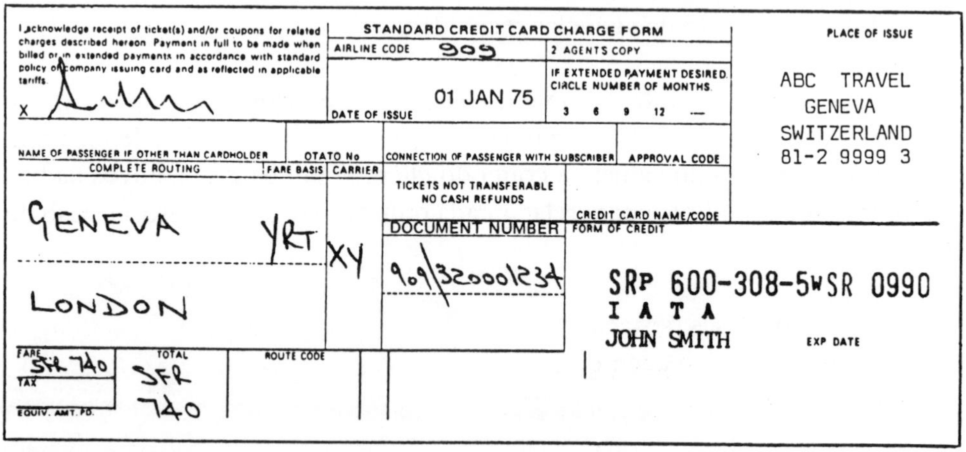

I acknowledge receipt of ticket(s) and/or coupons for related charges described hereon. Payment in full to be made when billed or in extended payments in accordance with standard policy of company issuing card and as reflected in applicable tariffs.

X

STANDARD CREDIT CARD CHARGE FORM

AIRLINE CODE 909

2 AGENTS COPY

DATE OF ISSUE 01 JAN 75

IF EXTENDED PAYMENT DESIRED. CIRCLE NUMBER OF MONTHS. 3 6 9 12 —

PLACE OF ISSUE

ABC TRAVEL
GENEVA
SWITZERLAND
81-2 9999 3

NAME OF PASSENGER IF OTHER THAN CARDHOLDER

OTATO No

CONNECTION OF PASSENGER WITH SUBSCRIBER

APPROVAL CODE

COMPLETE ROUTING	FARE BASIS	CARRIER
GENEVA	YRT	XY
LONDON		

TICKETS NOT TRANSFERABLE
NO CASH REFUNDS

CREDIT CARD NAME/CODE

DOCUMENT NUMBER 909 3200001234

FORM OF CREDIT

SRP 600-308-5WSR 0990
I A T A
JOHN SMITH

EXP DATE

FARE SFR 740

TAX

EQUIV. AMT. PD.

TOTAL SFR 740

ROUTE CODE

Fig. 11.8. Modelo de formulário de pagamento por cartão de crédito preenchido.

[3] Estas transações podem informar ao banco de liquidação ou diretamente à companhia aérea.

a) Folha descartável de instruções.
b) Cópia para o titular do cartão de crédito (azul).
c) Cópia do agente (amarela).
d) Cópia para a companhia aérea, da qual a passagem está sendo expedido (rosa).
e) Cópia do contratante (branca).
f) Cópia da fatura do contratante (branca).

Memorando contábil das companhias aéreas. Em formulário adicional aos formulários administrativos previamente descritos usados pelos agentes, existe memorando contábil que é expedido pelas companhias aéreas BSP, com o objetivo de ajustar a conta do agente com eles pelo banco, isto é: *a)* aviso de débito para a agência; e *b)* aviso de crédito para a agência.

Aviso de débito para a agência. A companhia aérea envia este documento ao agente para informar-lhe que, a menos que haja alguma justificativa a respeito, o agente deve à companhia aérea o valor indicado no memorando, por razões nele contidas.

Aviso de crédito para agência. A companhia aérea BSP envia este documento (impresso em vermelho) ao agente, quando descobre que lhe deve alguma importância relacionada com alguma atividade de venda relatada no documento de tráfego.

EXERCÍCIOS

I. Baseando-se nas informações que damos a seguir, preencha os espaços da ordem de câmbio:

O Sr. Luis Hernández viajará na excursão "Europa Seleta", cuja sigla é ITGLH1MMAJ. O custo da parte terrestre é de US$ 1.000, com tarifa de câmbio de 3.200 pesos por dólar. A operadora terrestre é American Express e os serviços aéreos se iniciam em Frankfurt. O número da passagem de avião é 2204-12, ainda que a ordem de câmbio cubra exclusivamente a parte terrestre. O formulário de pagamento é feito pelo crédito aéreo nº 1.128, outorgado pela Lufthansa, motivo pelo qual a ordem de câmbio não é endossável; expedida na cidade do México, em 10 de junho de 1993.

ORDEM DE CÂMBIO

Lufthansa

Issued by
Deutsche Lufthansa Aktiengesellschaft
Subject to terms and conditions on back of passenger's copy

Miscellaneous charges order
Passenger's copy

220 012

Type of service for which issued | Equivalent amount paid | Currency | Amount in figures | Rate of exchange

For value | Amount in letters | Currency | Amount in figures

To | At | 1 | For coupon value see amount in figures above

Reservation data

Date and place of issue/Agent

Additional remarks

Not transferable
Void if mutilated or altered
Valid one year from date of issue

Exchange coupon to be honoured only for value shown thereon

Name of passenger | Issued in exchange for: Form, Serial No. | Date and place original issue | Form of payment

Endorsements applicable to entire MCO | Issued in connection with: Form, Serial No.

Void if total value exceeds US $ 280 (or equivalent) unless for specified travel/tour

II. Responda às perguntas com base nos dados contidos na passagem

PASSAGEM

Lufthansa

Issued by
Deutsche Lufthansa Aktiengesellschaft
Subject condictions of contract

Passenger ticket and baggage check
Passenger's coupon

220 412

Name of Passenger: Mr. Luis Harnandez — Not transferable

Not valid before: 1 June 26 1979

Not valid after: 1 July 27 1979

Rectrictions/Endorsements: NON ENDORSABLE NON REFUNDABLE

Origin: Mexico

Destination: Mexico

VIAJES MEXATLANTICA S.A.
52 04623
June 10 1978
Mexico CTY
Date and place of issue/Agent

	Fare/Basis	Carrier	Fligh-Class		Date	Time	Status	Free	Check'd pieces	Weight	Unck'd weight
From Mexico	E 14/45	LH	481	Y	12 Jun	11:45	OK	20 Kg			
To Frankfurt	E14/45	LH	312	Y	18 Jun	12:35	OK	20 Kg			
To Munich	E14/45	LH	752	Y	27 Jul	08:30	OK	20 Kg			
To X Frankfurt	E14/45	LH	480	Y	27 Jul	13:35	RQ	20 Kg			
To Mexico											

From/To	Carrier	Fare calculation
MEX		
FRA	LH	E 14/45
MUC	LH	828.00
X FRA	LH	
MEX	LH	

Ticket designator/Tour code: IT6LHIMMAJ

Fare: 8.28- | Equiv. amt. paid: 19044.00

Tax: DUA 435 MX 16.56 | Total: 848.91

From of payment: CREDIT 1128

Issued in conjunction with: Form/Serial no(s) | Issued in exchange for. Carrier. Form/Serial no(s).

Original issue — Carrier: 220 — Form/Serial No.: 012 — Place: MEX — Date: VI-10-79 — Agent's numeric code: 3

Fare: $ 828.00

1. Qual é o nome da companhia que expede a passagem?

______________________________.

2. Em que data foi expedida a passagem?

____.

3. Qual é a cidade de origem?

____.

4. Qual é o destino final?

____.

5. Que companhia aérea transporta do México a Frankfurt?

____.

6. Que características têm a tarifa aérea aplicada?

____

____.

7. Qual é o vôo de Frankfurt ao México?

____.

8. Qual é o peso máximo de bagagem permitido ao passageiro nestes vôos?

____.

9. A reserva de Frankfurt ao México foi confirmada?

____.

10. O passageiro viaja em primeira classe ou classe turística?

____.

III. Coloque nos parênteses a letra correspondente à palavra que completa a frase adequadamente

1. A ordem de câmbio é documento que pode ser trocado por muitos ( ).
2. A ordem de câmbio não pode ser utilizada como cartão de ( ).
3. As tarifas se dividem em normais e ( ).
4. As tarifas normais são aquelas que têm vigência de um ( ).

A. Mês
B. Serviços
C. Anormais
D. Ida e volta
E. Simples
F. Passageiros
G. Vôo

5. As tarifas de excursão são aplicadas somente em viagem ( ).
6. A alta temporada é a época do ano em que há mais demanda de ( ).
7. As tarifas familiares se aplicam quando viaja a família ( ).
8. A milhagem é aplicada somente em serviço ( ).
9. O sistema BSP se refere ao sistema bancário ( ).
10. O sistema BSP dispõem de dois tipos de ( ).

H. Ano
I. Toda
J. Doméstico
K. Documentação
L. Planificado
M. Internacional
N. Especiais

IV. Assinale a opção que considerar correta

1. As agências de viagens que dispõem de documentos de tráfego BSP:
   ( ) *a)* Podem dispor também de passagens internacionais das companhias aéreas.
   ( ) *b)* Não podem dispor de passagens internacionais das companhias aéreas.
   ( ) *c)* Não podem dispor de passagens domésticas das companhias aéreas.
   ( ) *d)* Podem dispor de passagem internacional, mas não domésticas das companhias aéreas.

2. A cor da capa das passagens de passageiros BSP indica:
   ( ) *a)* O número de cupons de vôo.
   ( ) *b)* O número de cupons de auditor.
   ( ) *c)* O número de vôo dos cupons.
   ( ) *d)* O número de vôos dos cupons.

3. No México são usadas passagens nas cores:
   ( ) *a)* Vermelho e laranja.
   ( ) *b)* Azul e laranja.
   ( ) *c)* Laranja e verde.
   ( ) *d)* Vermelho e azul.

4. O PMR se encarrega de:
   ( ) *a)* Distribuir os formulários administrativos às companhias aéreas somente.
   ( ) *b)* Distribuir a documentação de trânsito às agências de viagens somente.
   ( ) *c)* Distribuir os formulários administrativos às agências de viagens e às companhias aéreas.
   ( ) *d)* Distribuir a documentação de trânsito às agências de viagens e às companhias aéreas.

5. O aviso de crédito para a agência aparece impresso em:
   ( ) *a)* Azul.
   ( ) *b)* Vermelho.
   ( ) *c)* Verde.
   ( ) *d)* Laranja.

DIÁLOGOS

A. O gerente de uma agência de viagens troca idéias com um representante do Sistema Bancário Planificado.

Gerente: Quem pode me fornecer os documentos padrão de trânsito?

Representante: Um distribuidor autorizado pelo banco de liquidação.

Gerente: Quando podem me entregar estes documentos no caso de aceitar o Sistema Bancário Planificado?

Representante: Quando for aceito, lhe serão entregue automaticamente os documentos suficientes para quatro meses.

Gerente: Bom, mas imagino que a um certo momento a quantidade de documentos pode variar? Tem algo previsto para este caso?

Representante: Claro que sim, a reposição destes documentos estará supervisionada periodicamente por um representante da direção do Banco e acertada quando necessário.

Gerente: Suponhamos que atendemos a um grupo grande de passageiros e que estejamos sem documentação padrão de trânsito. Que poderemos fazer neste caso?

Representante: Neste caso, sugerimos fazer antecipadamente requisição adicio nal ou requisição de emergência.

Gerente: Quem paga a documentação modelos de trânsito?

Representante: As companhias aéreas BSP.

Gerente: Até que ponto serão aceitos os documentos modelo de trânsito pelos membros da IATA?

Representante: Os membros IATA aceitam os documentos BSP sob as mesmas condições que operam as passagens de qualquer companhia aérea, pois os documentos BSP constituem-se em documento da companhia aérea que expede, e estão autenticados com o logotipo da companhia aérea.

B. Um representante do Sistema Bancário Planificado dá instruções sobre as placas de logotipo identificadoras das companhias aéreas ao gerente administrativo de uma agência de viagens.

Gerente: Como se pode obter as placas identificadoras das companhias aéreas?

Representante: As companhias aéreas que participam do sistema BSP, decidirão a quem entregarão ou não as placas. O senhor não tem de pedir. Quantas placas posso obter?

Representante: Cada companhia aérea BSP que tenha outorgado a nomeação a sua agência, pode lhe oferecer uma ou mais placas identificadoras, dependendo do número de máquinas impressoras que tenha em uso.

Gerente: Tenho de pagar pelas placas?

Representante: Não, de maneira nenhuma, estas placas continuam sendo de propriedade das companhias aéreas, mesmo porque deverá devolvê-las sempre que a companhia aérea ou o representante do sistema bancário planificado requisite.

Gerente: Como devo guardar as placas?

Representante: Em caixas que foram planejadas para isto.

Gerente: Onde posso conseguir?

Representante: A companhia que fabrica as máquinas impressoras vende também as caixas.

Gerente: Que atitude devo tomar no caso de perda ou roubo das placas sob minha responsabilidade?

Representante: Neste caso, notifique imediatamente por telefone ou e-mail ao representante do sistema bancário planificado e as companhias aéreas envolvidas. Confirme esta notificação por carta registrada.

Capítulo 12

DEPARTAMENTO DE CARGA

Sem dúvida nenhuma a carga é uma área muito importante para as companhias aéreas, considerando que transportar cargas gera mais receita do que transportar passageiros, o que garante o aumento deste serviço.

Também o movimento de carga por via aérea é mais complicado que o de passageiros, pelo seguinte: a carga não pode se expressar oralmente, nem se transportar de um avião a outro por si mesma, fazer conexão ou utilizar seus próprios documentos de viagem. Cada volume de carga deve estar devidamente documentado e ser transportado não só de um aeroporto a outro como de sua origem ao destino.

Existem inúmeros regulamentos governamentais, em geral, um tanto complicados, particularmente tratando-se de embarques internacionais, efetuados por agências de carga, de maneira similar às agências de viagens. Em outras palavras a função principal das agências de carga é concluir todos os trâmites necessários para não incomodar o cliente com muitos detalhes.

Várias empresas particulares e estatais realizam considerável número de embarques, e para tanto dispõem de pessoal especializado e capacitado para realizar esta atividade.

O número de embarques realizados pelo público em geral é reduzido, constituindo-se quase sempre nos embarques particulares ou pertences do próprio remetente, por transferência de emprego a outra região ou por mudança de residência a outra cidade.

Da mesma maneira que o agente de reservas, o agente de cargas realiza parte de seu trabalho por telefone.

Suponhamos que o representante de carga de uma empresa comercial faça uma chamada com o objetivo de enviar um número considerável de embarques aéreos. O agente de carga registra um número de guia aérea a cada volume. O agente de carga fará também todos os trâmites necessários para fazer o embarque ao cliente, podendo também enviar a carga no vôo da companhia aérea que considere mais adequada.

A companhia aérea recebendo o embarque, anota em cada volume o número da guia aérea, para identificação. A carga aérea é transportada seja no compartimento de bagagens, nos vôos regulares dos passageiros ou em vôos especiais para carga, em aviões especialmente planejados ou adaptados para o transporte de carga (Fig. 12.1).

Os vôos cargueiros geralmente operam entre importantes pontos de intenso tráfego.

As tarifas de carga aérea são aplicadas conforme o peso ou conforme o peso mais volume, ou seja, de acordo com as peças de embarque. Em geral, se considera certo número de centímetros cúbicos como equivalentes a um quilo de peso.

Nos embarques internacionais são considerados determinados centímetros cúbicos para cada quilo. Se a carga exceder ao volume concedido, a tarifa será mais alta.

Apesar disto, quando se trata de carga relacionada com tarifas de passageiros, aplicam-se tarifas especiais para certo tipo de artigos, por exemplo, a sacola com equipamentos de golfe que um passageiro leva consigo.

Fig. 12.1. Colocando o embarque no avião.

Os passageiros quase sempre pagam a tarifa com antecedência, mesmo que seja por cartão de crédito, a tarifa já está paga, pois a companhia que oferece o crédito, assume a responsabilidade de pagar a dívida.

No que se refere às cargas, as companhias aéreas também podem aceitar o pagamento contra a entrega. Este sistema está muito difundido entre as grandes empresas que fazem envio de carga com muita freqüência. No entanto, ao público em geral se pede que pague antecipadamente o seu embarque.

Nos embarques internacionais, alguns países não permitem o transporte de cargas sem o pagamento antecipado, não importando quem seja o remetente.

Quando se trata do público em geral, o agente não poderá atribuir ao embarque um número de guia aérea, até que a companhia aérea o tenha recebido, pesado e supervisionado, certificando-se de que tenha sido empacotado de maneira adequada (Fig. 12.2).

Quando uma companhia faz o embarque pela primeira vez, principalmente quando é embarque internacional, é possível que o agente de carga recomende que os trâmites sejam realizados por agência de carga, cujo pessoal poderá ajudar o remetente nos problemas de documentação e seguro. O agente de carga também resolve problemas de embarques extraviados ou reclamações de embarques danificados. Mesmo porque ele está familiarizado com outros serviços que a companhia aérea oferece, como o serviço de embalagem, pois a companhia dispõe de recipientes adequados.

O futuro agente de carga recebe antecipadamente um treinamento mais intenso do que os agentes de reservas e passagens, para obter melhor e mais rápido serviço ao cliente.

O treinamento consiste, entre outras coisas, em familiarizar-se com as guias aéreas e a maneira adequada de preenchê-las, bem como outros aspectos da profissão.

Nas relações com as agências de carga foi criado o cargo de agente alfandegário para embarques. O 3atua tanto com a providência de documentação necessária para embarque, quanto com o processo de retirada da carga na chegada, conforme os regulamentos alfandegários.

Em quase todos os países, a carga de chegada tem de passar pela alfândega, como os passageiros de chegada, antes de ser entregue ao destinatário, ou seja, a pessoa ou empresa que recebe o embarque. Geralmente, a carga é aberta e inspecionada na presença do destinatário ou de seu representante, que quase sempre é o agente alfandegário.

Muitas companhias aéreas dispõem também de representantes de vendas para cargas e sua função é similar a dos representantes de vendas para agências de viagens.

EMERY AIR FREIGHT CORPORATION — AIR WAYBILL NO.

EXECUTIVE OFFICES: WILTON, CONNECTICUT, U. S. A.

NOT NEGOTIABLE AIR WAYBILL

DESTINATION (AIRPORT OF)

CONSIGNED TO	STREET ADDRESS	CITY AND COUNTRY
ALSO NOTIFY		

NO. OF PACKAGES	METHOD OF PACKING	NATURE AND QUANTITY OF GOODS	MARKS AND NUMBERS	DIMENSIONS OR VOLUME	GROSS WEIGHT (Specify both Kilos & Lbs.)
					KILOS
COMMODITY CODE					LBS.

ACCOUNT CODE — Special Instructions: ☐ GBL ☐ OTHER ☐ APS ☐ PMO / ☐ TCN ☐ FFD ☐ FREE DOMICILE

THESE COMMODITIES LICENSED BY U. S. FOR ULTIMATE DESTINATION, ______ DIVERSION CONTRARY TO U. S. LAW PROHIBITED.

DOCUMENTS TO ACCOMPANY AIR WAYBILL: ☐ COMMERCIAL INVOICE; ☐ EXPORT DECLARATION ☐ OTHER

SHIPPER'S DECLARED VALUE (Specify Currency) · For Customs | For Carriage

METHOD OF ROUTING AND CHARGES–Agreed stopping places are those places (other than the places of departure and destination) shown under Air Carriage and/or those places shown in carriers timetables as scheduled stopping places for the route. SEE CONDITIONS ON REVERSE HEREOF.

CHARGES ☐ Prepaid ☐ Collect ☐ Other ☐ GBL ☐ Comat

AIR CARRIAGE		CHARGEABLE WEIGHT (Specify Kilos or Lbs.)	RATE CLASSIFICATION	RATES	CHARGEABLE TO CONSIGNOR PREPAID: AMOUNTS IN CURRENCY AS CHARGED	U.S. $	CHARGEABLE TO CONSIGNEE COLLECT: AMOUNTS IN CURRENCY AS CHARGED	U.S. $
Departure (Airport of)	(Address of First Carrier)							
1. To	First Carrier							
2. To	Carrier							
3. To	Carrier							
4. Valuation Charge From	To							
5. Valuation Charge From	To							

6. **INSURANCE:** AMOUNT REQUESTED (Specify Currency)

If the shipper has requested insurance as provided for on line 6 above, shipment is insured in the amount specified by the shipper (recovery being limited to actual loss) in accordance with Paragraph 8 on the reverse hereof. Insurance is payable to shipper unless another payee is designated in writing by the shipper.

OTHER CHARGES (SPECIFY)

7. At Origin–Pickup — NO. OF SHIPMENTS ( )
8. Advance
9. Documentation
10. TSC — NO. OF SHIPMENTS ( )
11. Fees (Specify)
12.
13.
14.
15.
16. C.O.D. FEE
17. SHIPPER'S C.O.D. → TOTAL

Department or Order Number

SHIPPER'S C.O.D. IN WORDS

The shipper certifies that the particulars on the face hereof are correct and agrees to the CONDITIONS ON THE REVERSE HEREOF.

Carrier certifies above described goods were received for carriage SUBJECT TO THE CONDITIONS ON THE REVERSE HEREOF, the goods then being in apparent good order and condition except as noted hereon.

Shipper | Executed On (Date) | At (Place)

RECEIVED BY EMERY AIR FREIGHT AT: ☐ Shippers Door ☐ Emery Terminal ☐ Other Terminal ☐ EAF City Terminal / Time / Date

Signature of Shipper | Name of Issuing Carrier **EMERY AIR FREIGHT CORPORATION**

By Broker/Agent | Signature of issuing Carrier or its Agent

Third Party Billing

PTD. IN U.S.A. FORM IT 2 — 14 Copies of this Air Waybill have been completed, of which Copies 1, 2 and 9 are originals and have the same Validity.

NOT AN INVOICE

Fig. 12.2. Modelo de guia aérea.

A guia aérea é o documento mais importantes que acompanha o embarque e poderia ser considerada como o bilhete com o qual a carga viaja. É um documento complicado, muito mais complicado que o bilhete de um passageiro.

Cada guia aérea consta de 12 cópias, sendo uma para o remetente, outra para o destinatário e uma para cada companhia aérea envolvida no transporte da carga.

A guia aérea contém dados como o custo do embarque, os encargos, o seguro, os vôos envolvidos no embarque, bem como outro tipo de informação.

Charter. O serviço de *charter* para transportar carga é um fator muito importante para as companhias aéreas, uma vez que as receitas obtidas são maiores que as obtidas com transporte de passageiros (Fig. 12.3).

Fig. 12.3. Agências de carga

EXERCÍCIOS

I. Complete as frases com a palavra adequada

1. A ________________ aérea é um linha muito importante para as ________________.
2. A receita é maior ao transportar ________________ que ao transportar ________________.
3. O movimento de ________________, por via aérea, é mais ________________ que o de passageiros.
4. A carga deve ser transportada de um ________________ a outro e de origem a ________________.
5. Os regulamentos ________________ são geralmente um tanto ________________.

6. A função das agências de ________________ é similar a das agências de ________________.
7. Muitas ________________ e escritórios ________________ realizam um número considerável de embarques.
8. O número de ________________ realizado pelo público em geral, é muito ________________.
9. Os embarques do público em geral consistem em embarques ________________ ou pertences do ________________.
10. Como o agente de reservas, o agente de ________________ realiza grande parte de seu trabalho por ________________.

II. Responda às seguintes perguntas

1. Qual é o documento mais importante que acompanha o embarque?

____

____.

2. Destaque três funções do agente de carga.

____

____

____.

3. Em que parte do avião se coloca a carga?

____

____.

4. Em geral, onde operam os vôos cargueiros?

____

____.

5. A aplicação das tarifas de carga aérea tem base em quê?

____

____

____.

6. Qual o sistema de cobrança aceito pelas companhias aéreas a grandes empresas que enviam carga com freqüência?

____

____.

7. Por meio de qual tipo de instituição se canaliza grande parte dos trâmites para o envio de carga, além das companhias aéreas?

____

____.

8. Cite duas funções do agente alfandegário?

____

____.

9. Qual é o objetivo da guia aérea?

____

____.

10. Que dados esta guia contém?

____

____.

III. Coloque nos parênteses a letra correspondente à palavra que completa a frase adequadamente

1. A carga aérea é uma linha muito importante para as ( ).
2. A fatura é maior ao transportar carga do que ao transportar ( ).
3. Cada volume de carga deve estar devidamente ( ).
4. Os regulamentos governamentais são um tanto ( ).
5. Várias empresas e escritórios estatais realizam muitos ( ).
6. Ao público em geral se pede que o custo do embarque seja pago ( ).
7. O agente de carga também atende problemas de cargas ( ).
8. As companhias aéreas proporcionam aos futuros agentes de carga um treinamento muito ( ).

A. Destinatário
B. Embarques
C. Simples
D. Companhias aéreas
E. Passageiros
F. Intenso
G. Carga
H. Remetente
I. Previamente
J. Complicados
K. Posteriormente
L. Extraviadas
M. Documentado

9. É costume abrir e inspecionar a carga na presença do ( ).
10. Considera-se a guia aérea como o bilhete com que viaja a ( ).

IV. Assinale a opção que considerar correta

1. ( ) *a)* A carga aérea não é uma linha importante para as companhias aéreas.
( ) *b)* A carga aérea poderia ser uma linha importante para as companhias aéreas.
( ) *c)* As companhias aéreas consideram a carga aérea como uma linha importante.
( ) *d)* As companhias aéreas consideram a carga aérea como uma de suas linhas.

2. ( ) *a)* O movimento de carga aérea é tão complicado quanto o de passageiros.
( ) *b)* O movimento de passageiros é menos complicado do que o de carga aérea.
( ) *c)* O movimento de passageiros é mais complicado que o de carga aérea.
( ) *d)* O movimento de carga aérea e de passageiros são muito complicados.

3. ( ) *a)* A função das agências de cargas é parecida à de agências de viagens.
( ) *b)* A função das agências de cargas é diferente da de agências de viagens.
( ) *c)* A função das agências de viagens é mais fácil que a das agências de cargas.
( ) *d)* A função das agências de viagens é mais difícil que a de agências de cargas.

4. ( ) *a)* As agências de viagens permitem que o cliente se aborreça com tantos detalhes.
( ) *b)* As agências de viagens evitam que o cliente se aborreça com tantos detalhes.
( ) *c)* As agências de viagens trabalham em conjunto com o remetente nos trâmites de embarque.
( ) *d)* As agências de carga livram o remetente do trâmite de embarque.

5. ( ) *a)* Agente alfandegário intervém no processo de documentação e retirada de embarques nacionais.
( ) *b)* Agente de carga realiza a documentação e retira os embarques nacionais.
( ) *c)* Agente alfandegário intervém no processo de documentação e retirada de embarques internacionais.
( ) *d)* Agente de carga faz a documentação e retira os embarques internacionais.

DIÁLOGOS

A. Representante de vendas de cargas de uma companhia aérea faz visita de cortesia a uma funcionária de uma agência de carga.

Representante: Bom dia. Como vai senhorita Arriaga?
Funcionária: Bem, obrigada. Estava justamente ligando para o senhor.
Representante: Então foi coincidência porque eu vim cumprimentar e saber em que posso ser útil.
Funcionária: Acabaram as guias aéreas que foram fornecidas a nós no mês passado, pois este mês enviamos muita carga pelas companhias aéreas.
Representante: Exatamente o que trago, nova remessa e agradeço muito pela consideração.
Funcionária: Excelente!
Representante: Somente peço que assine esta relação se está de acordo.
Funcionária: Com todo prazer, posso? (tomando a relação).
Representante: Aproveito o momento para entregar-lhe esta circular que contém as instruções para aplicação da nova tarifa muito econômica que temos em promoção.
Funcionária: Não sabe o quanto agradeço por nos manter sempre informados sobre as novidades.
Representante: Como sempre, estamos aqui para servir. Até logo, prazer em vê-la.
Funcionária: O prazer foi meu, obrigada.

B. Um cliente particular pede informações relativas a um embarque ao funcionário de uma agência de carga.

Funcionário: Bom dia senhor, em que posso servi-lo?
Cliente: Bem, a empresa em que trabalho vai transferir-se para Santo Antonio, no Texas e queria saber quanto ficaria para enviar os móveis para lá em carga aérea.
Funcionário: Bom, a tarifa varia dependendo do peso e volume do embarque. Poderia me fornecer estes dados?
Cliente: Sim, com muito prazer. Preciso verificar melhor e os passarei amanhã. Enquanto isso, poderia me adiantar alguns trâmites?
Funcionário: Sim, aqui está o formulário, tenha a bondade de preencher e trazê-lo amanhã junto com os dados.
Cliente: É possível pagar o custo do embarque amanhã ou se pode pagar em Santo Antonio, Texas?
Funcionário: Os custos são pagos antecipadamente.

Cliente: Está bem. Gostaria de saber também se tenho de trazer os móveis a este escritório e onde posso deixa-los em Santo Antonio.

Funcionário: Não é necessário que o senhor faça nada disto. Nós não oferecemos apenas o serviço de aeroporto a aeroporto, como entregaremos no endereço de destino. No formulário que preencherá existe espaço para anotar o endereço onde retirar os móveis e o outro endereço em Santo Antonio para a entrega.

Cliente: Tenho somente uma dúvida. É preciso embalar os móveis?

Funcionário: De maneira nenhuma, dispomos de um departamento especial que empacota o embarque de maneira adequada e o custo inclui também o seguro dele.

Cliente: Ótimo! Muito obrigado pela informação. Até amanhã.

Capítulo 13

TRIPULAÇÃO

Definimos tripulação como o grupo de pessoas empregadas por uma companhia aérea que têm deveres a bordo das aeronaves. Conforme as funções desempenhadas a bordo, a tripulaçao se classifica em tripulação de vôo e tripulação de serviços ao passageiro, e cada um deles é considerado membro da tripulação (Fig. 13.1).

Tripulação de vôo

Esta parte da tripulação está constituída pelo piloto ou comandante, o co-piloto ou primeiro oficial e o engenheiro de vôo, cujas responsabilidades serão apresentadas a seguir.

Fig. 13.1. Membros da tripulação.

O piloto ou comandante é encarregado não apenas da tripulação de vôo, mas também da tripulação completa e do avião, responsabilizando-se pelo vôo em si e pela segurança do avião.

O comandante é assistido pelo co-piloto ou primeiro oficial, que é o segundo no comando.

O engenheiro de vôo é responsável pelo funcionamento de todo equipamento mecânico e também é piloto.

Em vôos muito longos, pode haver um segundo piloto conhecido como segundo oficial.

O lugar do avião onde este pessoal fica se chama cabine de vôo (Fig. 13.2).

Os passageiros raramente vêem esses membros da tripulação, mesmo quando o comandante se comunica pelo microfone, para cumprimentar rapidamente depois da decolagem e dar algumas informações relativas aos pontos geográficos de interesse que sobrevoarão, bem como as condições de tempo durante o vôo.

Tripulação de serviços ao passageiro

É a parte da tripulação responsável pelos serviços proporcionados aos passageiros a bordo do avião, serviços estes realizados na cabine de passageiros (Fig. 13.3). Esta parte da tripulação está integrada por um chefe dos comissários ou o chefe de cabine e os comissários.

Comissário-chefe. Este é encarregado de supervisionar todas as fases do serviço na cabine de passageiros, ou seja, as fases previstas durante e depois do vôo, certificando-se de que os procedimentos corretos sejam realizados. Também decide situações como a hora de começar a servir os alimentos.

Fig.13.2. Tripulação de vôo na cabine de vôo.

Fig. 13.3. Tripulação de serviço ao passageiro.

Comissários. São conhecidos também como aeromoças ou comissárias, que devem auxiliar em tudo ao chefe e realizarão somente o estabelecido pela chefia dos comissários e a gerência de serviços de passageiros, no que se refere às obrigações de serviços e a seqüência de trabalho para cada equipe em particular.

Os comissários desempenham ampla gama de serviços, cuja seqüência obedece a seguinte ordem:

Atividades:

1. Anteriores ao vôo.
2. Durante o trajeto.
3. Durante o vôo.
4. Anteriores à aterrissagem.
5. Durante a aterrissagem.
6. Posteriores à aterrissagem.

A seguir serão descritas as atividades desempenhadas em cada fase:

1. Atividades anteriores ao vôo. Os comissários:

a) Verificarão se os equipamentos do comissário (alimentos, bebidas e serviços), bem como equipamentos de emergência, compostos por extintores de incêndio, tubos de oxigênio, caixa de primeiros socorros e coletes salva-vidas, estão em seus respectivos lugares e em funcionamento.

b) Verificarão se não estão faltando certos artigos necessários para os passageiros, como jornais, revistas, artigos para o bebê, etc.
c) Preparar-se-ão para receber os passageiros conforme o estabelecido, vestindo uniforme completo.
d) Darão assistência aos passageiros em seus lugares e darão as boas-vindas.
e) Verificarão se não foram colocados volumes pesados nas prateleiras ou porta-bagagem.
f) Certificar-se-ão minuciosamente se todas as portas da cabine de passageiros estão devidamente fechadas e trancadas.

2. Atividades durante o trajeto. Os comissários:

a) Certificar-se-ão de que todos os passageiros estejam com suas poltronas em posição vertical, com cintos de segurança ajustados e que não fumam.
b) O comissário-chefe dará as boas-vindas aos passageiros e lerá o plano de vôo com os avisos regulamentares.
c) Fará demonstração do uso do equipamento de emergência, que inclui o uso de sistema de máscaras de oxigênio e o uso do colete salva-vidas, em caso de necessidade, e também indicará as saídas de emergência.
d) O comissário-chefe informará ao comandante se está tudo em ordem com os passageiros para iniciar a decolagem.

3. Atividades durante o vôo. Os comissários:

a) Cuidarão da comodidade dos passageiros, atendendo o mais rápido possível às chamadas feitas.
b) Servirão aos passageiros alimentos e bebidas dos carrinhos.
c) Pelo microfone darão todas as informações necessárias.

4. Atividades prévias à aterrissagem. Os comissários:

a) Fornecerão aos passageiros formulários como declaração de alfândega, de imigração, etc. e os ajudarão no preenchimento.
b) Aplicarão inseticida aerossol em vôos internacionais.
c) Recolherão e acomodarão as revistas e publicações, almofadas, cobertores, colocando-os em seus lugares e observando se tudo está em ordem.
d) Proporcionarão aos passageiros as informações sobre as condições de clima na chegada, bem como a hora local.

5. *Atividades durante a aterrissagem.* Os comissários:

a) Certificar-se-ão de que todos os passageiros permanecem sentados até que a aeronave esteja parada completamente.
b) Recomendarão aos passageiros que ao desembarcar não se esqueçam de levar consigo todos os seus pertences.

6. *Atividades posteriores à aterrissagem.* Os comissários:

a) Informarão aos passageiros quando podem desembarcar ajudando-os e assistindo-os até no que seja possível, dando atenção especial aos deficientes idosos, doentes e os que viajam com crianças.
b) Despedir-se-ão dos passageiros de maneira cordial, lembrando-se que a última impressão que se tem influi, de forma determinante, na opinião que ficará da empresa para futuros usos ou não dos seus serviços. Esta maneira é a melhor forma de propaganda de seu trabalho; ao agir como anfitrião, ao despedir-se de seus convidados, que lhe deram a honra de visitar sua casa.

EXERCÍCIOS

I. Complete as frases com a palavra adequada

1. A ____________________ é formada por um grupo de pessoas funcionárias de uma companhia aérea que tem deveres a bordo da ________________.
2. A tripulação é classificada em tripulação de ____________________ e de serviço ao ________________.
3. A tripulação de vôo é constituída pelo ____________________ ou comandante, o co-piloto ou primeiro oficial e o ____________________ de vôo.
4. O piloto ou comandante é o encarregado da ____________________ de vôo, da tripulação ____________________ e do avião.
5. O comandante é assistido pelo ____________________, que é o segundo em ____________________.
6. O ____________________ de vôo é responsável pelo funcionamento de todo o equipamento ____________________ e é também o piloto.
7. A seção em que se localiza a ____________________ de vôo, se chama ____________________ de vôo.
8. O comandante comunica-se com os ____________________ pelo ____________________.
9. O comissário-chefe é responsável por ____________________ todas as fases do ____________________ na cabine dos passageiros.

10. Os comissários desempenham ampla gama de serviços, cuja ____________ está em função de cada uma das ________________ do serviço aos passageiros.

II. Responda às seguintes perguntas

1. Quem faz parte da tripulação de vôo?

____

____.

2. Quem faz parte da tripulação de serviço ao passageiro?

____

____.

3. Quais são as funções do comissário-chefe?

____

____.

4. Com que outros nomes são chamados os comissários?

____

____.

5. Cite duas atividades dos comissários realizadas antes do vôo.

____

____.

6. Cite duas atividades dos comissários durante o trajeto.

____

____.

7. Cite duas atividades dos comissários durante o vôo.

____

____.

8. Cite duas atividades dos comissários anteriores à aterrissagem.

____

____.

9. Cite duas atividades dos comissários durante a aterrissagem.

____

____.

10. Cite duas atividades dos comissários posteriores à aterrissagem.

____

____.

III. Coloque nos parênteses a letra correspondente à palavra que completa a frase adequadamente

1. O grupo de pessoas empregadas em companhia aérea com deveres a bordo das aeronaves é conhecido como ( ).
2. A tripulação se classifica em tripulação de serviço ao passageiro e de ( ).
3. A tripulação de vôo é formada pelo engenheiro de vôo, o piloto e o ( ).
4. O engenheiro de vôo é responsável pelo funcionamento de todo o equipamento ( ).
5. Em vôos longos pode haver também um segundo piloto conhecido como segundo ( ).
6. O comandante costuma fornecer informações pelo microfone com respeito a pontos ( ).
7. Os comissários recebem os passageiros com o uniforme ( ).
8. Durante o percurso, os comissários certificam-se de que os passageiros mantenham suas poltronas na posição ( ).
9. Os comissários costumam dar demonstração do equipamento de ( ).
10. O inseticida em aerossol costuma ser aplicado nos vôos ( ).

A. Internacionais
B. Desodorizante
C. Co-piloto
D. Mecânico
E. Vertical
F. Horizontal
G. Vôo
H. Tripulação
I. Emergência
J. Uniformes
K. Oficial
L. Completo
M. Geográficos

IV. Assinale a opção que considerar correta

1. Os comissários controlam para que não sejam colocados volumes pesados sobre as prateleiras ou porta-bagagem durante a fase:

( ) *a)* Anterior à aterrissagem.
( ) *b)* Da aterrissem.
( ) *c)* Do vôo.
( ) *d)* Anterior ao vôo.

2. Os comissários recomendarão aos passageiros que ao desembarcar não se esqueçam de levar consigo todos os seus pertences durante a fase:
( ) *a)* Posterior à aterrissagem.
( ) *b)* Da aterrissagem.
( ) *c)* Anterior à aterrissagem.
( ) *d)* Do vôo.

3. Os comissários servirão aos passageiros alimentos e bebidas em carrinhos durante a fase:
( ) *a)* De vôo.
( ) *b)* De percurso.
( ) *c)* Posterior à decolagem.
( ) *d)* Anterior à aterrissagem.

4. Os comissários aplicarão o inseticida em aerossol em vôos internacionais durante a fase:
( ) *a)* Depois de decolar.
( ) *b)* Do vôo.
( ) *c)* Antes de decolar.
( ) *d)* Da aterrissagem.

5. Os comissários informarão aos passageiros quando podem desembarcar do avião, orientando-os e ajudando-os no que seja possível, durante a fase:
( ) *a)* Depois da aterrissagem.
( ) *b)* Do percurso.
( ) *c)* Anterior à aterrissagem.
( ) *d)* Da aterrissagem.

DIÁLOGOS

A. A comissária dará algumas informações pouco antes da aterrissagem a um passageiro que vai para os Estados Unidos.

Comissária: (Dirigindo-se ao passageiro): Pode entregar-me os travesseiros e o cobertor, por favor?
Passageiro: Sim, obrigado.
Comissária: Viaja sozinho ou em companhia de alguma pessoa da família?

Passageiro: Viajo em companhia da minha esposa e de meus dois filhos.

Comissária: Bem, então, por favor, preencha estes formulários. (A comissária entrega ao passageiro quatro formulários de imigração I-94 e uma declaração da alfândega.)

Passageiro: Por que você me entregou quatro formulários pequenos e somente um para a alfândega?

Comissária: Este é o formulário dos Estados Unidos I-94.

Passageiro: É verdade. Poderia me dizer por que tem duas vias?

Comissária: Claro. Quando o senhor entra nos Estados Unidos deve entregar uma. A outra será carimbada pelo oficial da imigração e deve ser guardada com cuidado para entregar posteriormente à imigração ao sair do país. Dessa maneira, os Estados Unidos controlam o movimento imigratório.

B. A comissária dá instruções aos passageiros sobre uso da máscara de oxigênio.

Comissária (Dirigindo-se aos passageiros pelo alto-falante): Um momento de sua atenção, por favor. De acordo com as normas internacionais de aviação civil, pedimos sua atenção para que verifiquem cuidadosamente as instruções de segurança que estão nos assentos dianteiros. Se desejarem algum esclarecimento, podem consultar-nos. Obrigada.

Passageiro: Senhorita. Quando se deve usar as máscaras de oxigênio?

Comissária: Em caso de despressurização do avião. Deseja saber mais alguma coisa?

Passageiro: Sim. Onde estão as máscaras de oxigênio?

Comissária: Em cima do senhor existe um compartimento com máscaras de oxigênio, que em caso de emergência a porta se abrirá automaticamente e a máscara cairá sobre sua cabeça.

Passageiro: Obrigado pelas informações. Haveria mais alguma coisa a acrescentar?

Comissária: Sim. Se por acaso estiver fumando, apague imediatamente o cigarro, pegue a máscara que estiver mais perto de você, retire o invólucro e a mangueirinha de seu interior.

Passageiro: Acho que temos de ter muito cuidado ao utilizar este sistema de oxigênio, não é?

Comissária: Isso mesmo. Primeiro puxe a máscara até seu rosto, de tal maneira que o cordão esteja livre do cilindro no extremo do compartimento, e não toque o protetor de calor do gerador de oxigênio.

Passageiro: Coloco a máscara no nariz e na boca?

Comissária: Por gentileza, e respire normalmente. Ajuste as fitas ao redor da cabeça e permaneça sentado comodamente.

Passageiro: Muito obrigado pela explicação.

Capítulo 14

COMISSÁRIOS

No capítulo anterior tratou-se do tema referente à tripulação de maneira geral, mas considerando a importância dos detalhes relativos aos comissários, continuaremos neste assunto.

Dissemos que *comissário* é o termo geral para denominar um membro da tripulação de serviço aos passageiros; no entanto, o vocábulo *aeromoça* também é usual, particularmente entre as moças que integram a tripulação, e usaremos indistintamente ambos os nomes neste capítulo.

Esclarecemos que as informações dadas neste capítulo são muito gerais, pois as características podem mudar de uma companhia aérea a outra.

Esta profissão não se limita apenas às mulheres. Também os homens desempenham papel muito importante nesta atividade. As funções que o pessoal de serviço desempenha ao passageiro são de vital importância, pois pelo bom serviço proporcionado por eles, fará a boa imagem da companhia aérea. Por isso as companhias aéreas têm muito cuidado na seleção dos futuros comissários, levando em conta o domínio de línguas estrangeiras, aparência e trato pessoal. As companhias aéreas também contratam modistas famosos para desenhar os modelos dos uniformes da tripulação. Algumas companhias como a Japan Air Line ou a Air India, vestem suas aeromoças com belos e tradicionais trajes típicos (Fig. 14.1).

O objetivo, claro, é atrair novos passageiros, conservar os já existentes, e melhorar sempre o serviço por meio de boa coordenação e trabalho em equipe.

Os requisitos mínimos que as companhias aéreas exigem para a contratação de novas comissárias (considerando que em sua maioria são do sexo feminino) são os seguintes:

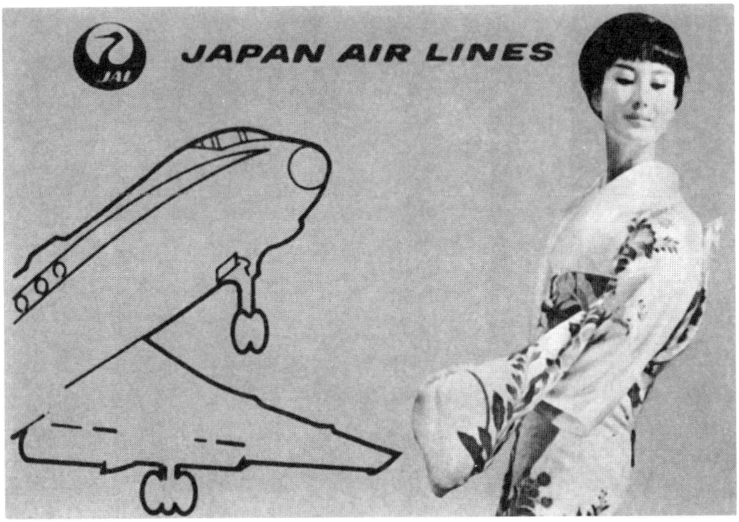

Fig. 14.1. Algumas companhias aéreas vestem suas aeromoças com belos e tradicionais trajes típicos nacionais.

1. Idade entre 18 e 30 anos.
2. Estatura mínima de 1,60m e máxima de 1,78m.
3. Peso proporcional à altura.
4. Boa saúde, comprovada por exame médico.
5. Aspecto cordial.
6. Boa visão (em geral não se permite o uso de lentes, a menos que seja de contato).
7. Educação com formação mínima equivalente ao ensino médio.
8. Língua estrangeira (domínio do idioma inglês, além da língua materna).
9. Nacionalidade ou visto do país do emprego.

Caso o candidato reúna os requisitos descritos, os passos seguintes serão:

a) Preencher a solicitação.
b) Passar por entrevista com a pessoa encarregada por esta atividade na companhia aérea.

O entrevistado deverá adotar durante a entrevista, atitude amável, franca, causando a melhor impressão possível, não sendo agressivo, mas mostrar traquejo social, dignidade e boa disposição nas relações humanas.

Uma vez que o candidato a comissário é aceito, terá de passar por um período de treinamento, mesmo que seja em instalações especiais. Geralmente é notificado por telegrama, no qual lhe informam que foi aceito, bem como o local e data de sua apresentação para receber o treinamento (Fig. 14.2).

O treinamento dura de quatro a seis semanas, dependendo da companhia aérea. Algumas companhias aéreas realizam o treinamento em seus escritórios centrais, enquanto outras dispõem de instalações adequadas, em habitações luxuosas, em alguns caso até com piscina.

O preparo que os futuros comissários recebem não somente lhes será útil para o bom desempenho de seu trabalho, mas enriquecerá sua vida por completo.

O curso inclui tudo o que se relacione com a companhia aérea e os aviões; medidas, regulamentos internacionais de segurança e até o estudo de alguma língua estrangeira.

Algumas companhias aéreas oferecem o material antes do início do curso, para que se familiarizem com as rotas da companhia, siglas de cidades, pontos geográficos, etc.

Durante o curso, os futuros comissários se familiarizam também com a terminologia empregada, bem como outros tipos de siglas, como o número que usam para identificar os vôos. Os números pares são usados para vôos que vão para o norte. Por exemplo: Bn-50, a sigla indica que se trata do vôo número 50 da Braniff International, que vai do México a Santo Antonio no Texas. Os números ímpares indicam os vôos que vão para o sul. Exemplo: Bn-51, a sigla indica que se trata do vôo número 51 da Braniff International, que vai de Santo Antonio, Texas, ao México.

Também recebem instruções relativas à estrutura e à história das companhias aéreas, que devem ser memorizadas para todas as situações e para a avaliação de final de curso.

Fig. 14.2. Réplica da cabine de passageiros de um avião para desenvolver a prática.

O nome aeromoça é sinônimo da beleza e saúde, e o para tanto o curso inclui visitas aos melhores cabeleireiros e esteticistas, dando ênfase na prática do aprendizado (Fig. 14.3).

Este treinamento é similar ao que receberia uma modelo profissional, pois inclui a forma correta e elegante de caminhar, sentar-se, subir ou descer uma escada, postura quando estiver em pé, etc., devendo evitar os extremos e adotando estilo atraente e simples que reflita a moda atual.

Cabelo. Pode ser curto ou comprido (questão de gosto), mas se usar comprido, jamais deixar cair no rosto. Deverão estar sempre limpos e nunca serem penteados na presença dos passageiros. Podem ser tingidos, de cor discreta, podendo ser preso para trás ou em coque desde que se adapte ao chapéu quando seja preciso usá-lo. As perucas e apliques são permitidos dentro de certos limites, devendo dar aparência natural e apropriada.

O corte do cabelo dos comissários deverá ser na cor e forma natural, curto e sem ultrapassar o colarinho, a costeleta não deverá ultrapassar o lóbulo da orelha nem cobri-la.

O bigode poderá ultrapassar ligeiramente o tamanho dos lábios, não devendo levantar-se nas pontas.

Maquiagem. Sempre deverá ter aparência natural e segundo a moda atual, usando-se o mínimo de batom em cores discretas e sombra nos olhos. A maquiagem deve estar de acordo com o clima que prevalece nas cidades em que o avião desce, e o estilo fica por conta da discrição e personalidade da própria comissária.

Mãos. Devem refletir bom cuidado; é essencial que estejam com a manicure feita e com tamanho médio das unhas.

Fig. 14.3. O curso de personalidade inclui também orientações para conseguir uma boa aparência e arranjo pessoal.

Uniformes. Sempre são de última moda, uma vez que são modificados a cada dois anos. O guarda-roupa de uma aeromoça é muito amplo. Inclui saias mini, média e longas, conjuntos de calça e paletó, túnicas, ponchos, *tailleur*, etc. Também inclui chapéus, bonés, sapatos, botas e casacos (Fig. 14.4).

Estas roupas são confeccionadas em diversos materiais como algodão, lã, poliéster, etc.

Há muitos anos o estilista Emilio Pucci foi contratado pela Braniff International para criar o novo modelo de uniformes para a tripulação. O resultado foi a modificação total do guarda-roupa das comissárias, até então muito sóbrio. Com o impacto que esta mudança causou, muitas companhias aéreas seguiram o exemplo da Braniff International.

As comissárias usam mais de uma roupa durante o vôo, em razão da fase do vôo que estejam desempenhando, e ao embarcar e desembarcar os passageiros, estão com o traje completo, (Fig. 14.5) incluindo chapéu e luvas. Ao servir os alimentos usam roupas mais informais como o avental ou túnica. Essas mudanças quebram a rotina de uma viagem longa, permitindo que desempenhem suas funções com maior comodidade. De acordo com o regulamento das companhias aéreas, o uniforme deverá estar sempre limpo e no tamanho certo e quando usar um paletó, usá-lo abotoado.

Finalmente, o uso de jóias está restrito, devendo ser o mínimo e o mais simples possível.

Algumas companhias aéreas pagam a tinturaria dos uniformes, oferecendo verba ao comissário para este e para outros gastos desde que apresente recibos correspondentes.

Fig. 14.4. O penteado deverá adaptar-se ao chapéu quando for necessário usá-lo.

Fig. 14.5. Comissárias mexicanas e seus uniformes completos.

Designação da cidade-base. As cidades-base que as companhias aéreas designam aos comissários serão aquelas em que deverão residir. Algumas cidades oferecem maior grau de preferência que outras, e por isso as companhias aéreas optaram por implantar sistema de designação de base aos comissários, que varia de uma companhia a outra. Algumas fazem rodízio de base periodicamente, outras dão prioridade aos comissários de maior idade para escolha da cidade-base ou cidade de residência.

Podem ser feitas permutas de cidades, ou seja, se os comissários solicitarem a permuta, os gastos originados das mudanças serão por conta do comissário, mas se a companhia aérea foi que decidiu a mudança, ela pagará os gastos.

Depois de designada a cidade inicial de base, as mudanças posteriores serão em função de antigüidade e prestígio no cargo.

Escalas. Existem vários tipos de escalas, dependendo da duração do vôo, pois enquanto alguns vôos são curtos (a viagem de retorno é feita no mesmo avião), outros principalmente os internacionais requerem ficar uma noite ou mais na cidade. Geralmente, essas estadas vão de doze a quarenta e oito horas em uma cidade. As escalas em vôos curtos são rápidas e servem para muitas coisas, menos para dormir e comer.

Em escalas de vôos a longas distâncias, os comissários dispõem de tempo suficiente para descansar, passear, trasladar-se do aeroporto ao hotel, hospedagem, alimentação, tudo por conta da companhia aérea. O objetivo das estadas noturnas é o descanso pelo descontrole físico apresentado nos vôos longos e de viagens por fusos horários variados que interferem em vários fatores, como mudança de clima, alimentação, água, etc. Em virtude disto, as companhias aéreas exigem exames médicos periodicamente.

O comissário recebe muitos benefícios e vantagens, e quando é altamente qualificado pode solicitar o cargo de comissário-chefe. Outro benefício são as passagens e grandes descontos de transporte aéreo, tanto nas rotas da companhia aérea como para outras companhias, extensível a seus familiares.

Amizades a bordo. Fazer amizade com os passageiros a bordo não é proibido, inclusive é recomendável, pois demonstra bom relacionamento com os clientes. No entanto, estas amizades devem se manter dentro dos limites e dos bons costumes, sem chegar ao grau de familiaridade que possa ser passível de censura, tanto dos demais passageiros como pelo pessoal da empresa ou de lugares freqüentados pelos comissários.

Pode acontecer que a bordo viagem pessoas ligadas ao comissário por laços de amizade, de trabalho ou familiar. Deverá dedicar a estas pessoas a mesma atenção que aos demais passageiros, para evitar que digam que o comissário tem preferência por determinada pessoa e parece ignorar os demais.

Temas para conversar com os passageiros. Para iniciar uma conversa com o passageiro, tais como cidades que são servidas pela empresa, hotéis em que se hospeda a tripulação, fonte de riqueza de cada lugar, indústrias, lugares interessantes para visita em cada cidade, sobre a aviação em geral, etc. Além disso, deverá sempre manter o passageiro informado sobre os incidentes do vôo, especialmente quando ocorrem atrasos. Nesses casos, deverá perguntar ao piloto ou ao comandante de vôo sobre o tempo da demora.

Temas proibidos. Devem ser evitadas discussões com os passageiros e, para consegui-lo, deverá aceitar como razoáveis os argumentos, mesmo que não sejam. Em conversa com passageiros, nunca abordar temas como religião e política, que são polêmicos e sobre eles cada pessoa tem suas próprias idéias, o que daria motivo para discussões por não ser possível chegar a um acordo.

É também proibido falar sobre acidentes da aviação de qualquer empresa do mundo. No dia em que um acidente tenha ocorrido, o comissário não deverá distribuir os jornais que tratam do assunto, evitando que o passageiro se sinta desconfortável com respeito ao transporte aéreo. Geralmente, ao acontecer um acidente aéreo, o passageiro pergunta ao comissário as causas deste, e mesmo sabendo algo, não deverá comentar, desculpando-se dizendo que não sabe nada sobre o assunto.

Serviço de alimentos e bebidas. Este serviço pode ser simples ou completo, dependendo da duração do vôo e da classe de serviço, e requer treinamento, planejamento e atenção aos detalhes. O espaço para esta atividade é muito reduzido, principalmente quando o vôo está lotado e, portanto, necessita de boa organização e destreza. As bebidas são oferecidas antes de servir os alimentos; o serviço de bar está incluído no preço de primeira classe e mediante custo adicional razoável, também pode ser oferecido à classe econômica.

O chefe dos comissários faz cuidadoso inventário e controle do licor, assim como o do dinheiro cobrado. Posteriormente, oferecem refrescos em ambas classes, sem custo extra. Os licores se apresentam em pequenos frascos; na primeira classe as bebidas são misturadas antes de serem entregues ao passageiro, enquanto que na classe econômica, é dada ao passageiro a garrafinha com o copo, o gelo e a mistura. As bebidas são servidas no carrinho, o mesmo em que se leva a comida pelo corredor do avião, ou em bandejas individuais.

Em vôos curtos, os comissários começam a anotar as ordens mesmo antes do avião decolar, para servir as bebidas com os canapés (Fig. 14.6).

Com relação aos alimentos servidos na primeira classe, cabe mencionar que são bem elaborados, com grande variedade de pratos da alta-cozinha, incluindo caviar e outros alimentos de alta-qualidade, bem como vinhos e champanhes. A alimentação em classe econômica é menos elaborada e o serviço é mais simples.

Serviços especiais. A regra é definida por cada companhia. Existem algumas companhias que mediante certos serviços, refletem a cultura local. Por exemplo, os serviços da Japan Airlines se iniciam apresentando ao passageiro, toalhinhas úmidas e quentes para refrescar o rosto e as mãos; em outras, como a Thai Airlines, as comissárias oferecem às passageiras do sexo feminino; uma orquídea assim que elas entram no avião.

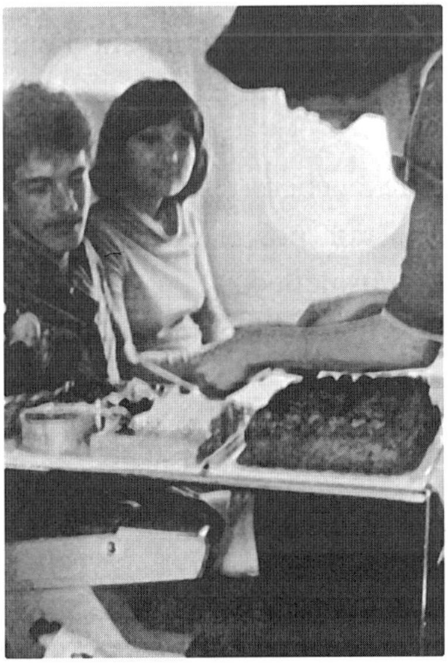

Fig. 14.6. Comissária servindo alimentos durante o vôo.

O alimento também reflete a cultura local; por exemplo, a Aeroméxico oferece a bordo pratos típicos mexicanos, dispondo também de pratos internacionais. Além disso, se inclui a venda de vários artigos livres de impostos, tais como perfumes, gravatas, bebidas alcoólicas, cigarros ou jóias.

Em vôos de longa duração, são projetados filmes, com fones individuais para poder escutar os canais de música selecionada, após o pagamento de tarifa módica. Alguns passageiros preferem dormir durante estes vôos, pois as comissárias oferecem travesseiros e cobertores.

EXERCÍCIOS

I. Complete as frases com a palavra adequada

1. Os termos para denominar um membro da tripulação de serviço ao ________________ são comissários, aeromoça, ou ________________ na Espanha.
2. A profissão de comissário não se ________________ ao sexo feminino, também os ________________ exercem papel muito importante.
3. Os comissários projetam boa ________________ da companhia pelo bom serviço que ________________.
4. As companhias aéreas contratam os serviços de famosos ____________ para projetar os uniformes da ________________.
5. Algumas companhias, tais como Japan Airlines ou Air India, vestem suas ________________ com belos e tradicionais ________________ nacionais.
6. Se um candidato a comissário reúne previamente determinados ________ ____________ o passo seguinte será preencher uma ________________ e passar por entrevista com a pessoas encarregada desta atividade na companhia aérea.
7. Quando o candidato ao cargo de comissário é ________________, será aceito por um período de ________________.
8. O preparo que os comissários recebem, não só lhes será útil para o bom ________________ dos trabalhos na sua profissão, mas ________________ para toda a vida.
9. O treinamento das comissárias é similar ao que receberia uma ____________ ____________ profissional, uma vez que passam por ________________ com hábeis cabeleireiros e especialistas em cosméticos.
10. Os ________________ das comissárias são sempre de última moda, por isso os ________________ mudam a cada dois anos.

II. Responda às seguintes perguntas

1. Como deve ser o cabelo de uma comissária?

____

____

____.

2. Como deve ser a maquiagem de uma comissária?

____

____.

3. Que se pode acrescentar com relação ao cuidado das mãos?

____

____

____.

4. O que há em um guarda-roupa de comissária?

____

____

____.

5. Quais temas de conversa com os passageiros são sugeridos às comissárias?

____

____.

____.

6. Quais são os temas de conversa proibidos às comissárias?

____

____

____.

7. Que diferença existe entre o serviço de alimentação de primeira classe e de classe econômica?

____

____

____.

8. Como os comissários apresentam as bebidas aos passageiros de primeira classe e para a classe econômica?

____

____.

9. Cite três serviços especiais prestados pelas companhias aéreas.

____

____.

10. O que a comissária da Thai Airlines oferece aos passageiros do sexo feminino quando embarcam no avião?

____.

____.

III. Coloque nos parênteses a letra correspondente à palavra que completa a frase

1. A palavra que em geral denomina um membro da tripulação de serviço ao passageiro é ( ).
2. A profissão de comissário não se limita exclusivamente ao sexo ( ).
3. As companhias aéreas têm muito cuidado ao escolher as futuras ( ).
4. Os futuros comissários deverão adotar durante a entrevista boa disposição nas relações ( ).
5. Dependendo da companhia aérea, o treinamento que recebem os comissários dura de quatro a seis ( ).
6. O corte do cabelo dos comissários deverá ser de forma natural, sem sobrepor-se ao colarinho da ( ).
7. Emilio Pucci, famoso estilista, criou para a tripulação nova concepção de ( ).
8. No embarque e desembarque as aeromoças se apresentam com o uniforme ( ).
9. Ao servir os alimentos, as comissárias se apresentam com roupas mais ( ).
10. O uso de jóias deve ser restrito, sendo mínimo e ( ).

A. Formais
B. Completo
C. Comissário
D. Aeromoças
E. Feminino
F. Extravagante
G. Informais
H. Humanas
I. Semanas
J. Camisa
K. Dias
L. Simples
M. Uniformes

IV. Preencha a solicitação de emprego, com seus dados pessoais

FOTO

SOLICITAÇÃO DE EMPREGO

Data ______ Cargo solicitado ______ Pretensão salarial ______

DADOS PESSOAIS

Nome: ______
Primeiro Sobrenome *Segundo Sobrenome* *Nome*

Endereço ______ Telefone ______

Naturalidade ______ Nacionalidade ______

Idade ______ Altura ______ Peso ______ Sexo ______

Possui passaporte? Sim ☐ Não ☐ Se não possui, pode obter um? Sim ☐ Não ☐

Idiomas que conhece ______ Qual o nível que possui em cada idioma conhecido? (Excelente, bom, regular, fraco) ______

Estado civil Solteiro ☐ Casado ☐ Divorciado ☐ Viúvo ☐

Está disposto a mudar de residência? Sim ☐ Não ☐ Usa óculos? Sim ☐ Não ☐

Usa lentes de contato? Sim ☐ Não ☐ Sofre de alguma doença? Sim ☐ Não ☐

Se a resposta for afirmativa, explique que tipo de doença. ______

______

ESCOLARIDADE

Estudos realizados	Nome da escola	De	A	Está formado?
Ensino Fundamental ______	______	de: ______	a: ______	Sim ☐ Não ☐
Ensino Médio ______	______	de: ______	a: ______	Sim ☐ Não ☐
Cursinho ______	______	de: ______	a: ______	Sim ☐ Não ☐
Universidade ______	______	de: ______	a: ______	Sim ☐ Não ☐
Comércio ______	______	de: ______	a: ______	Sim ☐ Não ☐
Outros ______	______	de: ______	a: ______	Sim ☐ Não ☐

EMPREGO ATUAL E ANTERIORES

Empresa	Cidade	Funções desempenhadas	Data	Motivo da saída
______		______	______	______
______		______	______	______

______ Data em que pode começar a trabalhar

______ Assinatura do solicitante

DIÁLOGOS

A. A Sra. Muschner está dando curso de postura a um grupo de futuras comissárias.

Sra. Muschner: Boa tarde, meu nome é Carol Muschner e tenho muito prazer em conhecê-las. Eu vou ser sua instrutora no curso de postura, que terá a duração de cinco aulas. A primeira aula incluirá a maneira elegante e correta de andar, sentar, subir ou descer uma escada, e as atitudes que deverão tomar quando estiverem em pé. Durante a segunda aula contaremos com a presença do Sr. Pierre Dupont, especialista em cosméticos, que dará prática e demonstração sobre maquiagem. A terceira aula será dedicada a penteados; a quarta aos cuidados com as mãos e na quinta será aplicada uma avaliação. Para iniciar este curso alguém poderia dizer-me o que é personalidade?

Aluna (Em pé): Suponho que seja o conjunto de qualidades que tem uma pessoa.

Sra. Muschner: Mais ou menos. Anotem, por favor, vou dar a definição. Personalidade é o conjunto de qualidades que constituem o atrativo de uma pessoa.

Aluna: Poderia citar algumas destas qualidades?

Sra. Muschner: Claro que sim. Por exemplo, o andar, o sentar, o subir ou descer uma escada corretamente, expressar-se e comportar-se devidamente em público, recordando também que o fato de usar roupas adequadas ao momento e lugar faz ressaltar a aparência, e também a cultura da pessoa.

Aluna: Sra. Muschner, poderia nos dar uma demonstração da maneira correta de andar e sentar?

Sra. Muschner: Sim. Você mesma me ajudará. Caminhe até o final do corredor e venha andando dali, e sente-se nesta cadeira.

Aluna: Está bem (a aluna atravessa o corredor caminhando e se senta na cadeira).

Sra. Muschner: (Movendo a cabeça negativamente, fala para a aluna.) Você dá passos muito marcados, procure caminhar mais naturalmente. Lembre-se que se deve andar com os ombros levantados e evitando movimentar exageradamente o corpo. Não abaixe a cabeça para ver por onde está caminhando. Mexa somente os olhos. Os passos não deverão ser marcados, mas naturais, e sem abrir ou fechar os pés.

Aluna: Cometi algum erro ao sentar-me?

Sra. Muschner: Sim, cometeu um erro fatal. Você sentou com as pernas abertas. Anotem, por favor. A maneira correta de sentar-se é a seguinte: a posição do corpo será ligeiramente inclinada para a direita, cruzando o pé esquerdo sobre o direito. A mão direita deve ser colocada sobre a perna esquerda, e a mão esquerda sobre a mão direita. Se o vestido ou casaco tem bolsos, as mãos poderão ir dentro, mas jamais devem cruzar os braços, e ao falar não fazer gestos exagerados com as mãos. Podem também se sentar com as pernas cruzadas, apoiando a perna direita sobre a esquerda.

Aluna: E como devemos subir ou descer escadas?

Sra. Muschner: Bem, a maneira mais adequada é na ponta dos pés, se você tem força suficiente nas pernas. Caso contrário, podem subir ou descer a escada apoiando todo o pé, mas inclinando o corpo ligeiramente para um lado, e procurando não fazer muito barulho com o salto.

Aluna: Que interessante! Alguma coisa mais a acrescentar?

Sra. Muschner: Sim. Para concluir vou indicar-lhes as atitudes que deverão adotar ao ficar em pé. As mãos podem ir no bolso ou somente a mão esquerda, pois a direita segura algo.

B. Um passageiro vai do México a Madri pela Aeroméxico e conversa com uma comissária.

Comissária: Deseja ler o jornal? Temos: *Novidades*, *O Universal* e *O Sol do México*.

Passageiro: Não obrigado, desejo somente uma xícara de café.

Comissária: Sim, com todo prazer (servindo o café). O senhor vai para Madri ou Paris?

Passageiro: Vou a Madri e penso ficar na Espanha aproximadamente três semanas. É suficiente para conhecer o país?

Comissária: Bem, pelo menos os lugares mais importantes eu penso que sim. Que lugares deseja visitar?

Passageiro: Tenho intenções de ficar pelo menos uma semana em Madri, porque sei que a cidade tem muitos atrativos. Poderia sugerir-me alguns lugares interessantes para visitar?

Comissária: Sim. Sugiro que conheça o Museu do Prado, o Palácio Real, a rua de Alcalá e a Fonte das Cibeles. Gostaria de ver algum tablado flamenco? Posso recomendar-lhe vários.

Passageiro: Acho que sim, o flamenco é minha paixão.

Comissária: Então recomendo o Corral de las Morerías, é um dos melhores, também pode ir ao Torres Bermejas e a Villarrosa. Em que hotel vai hospedar-se?

Passageiro: No Castellana Hilton, conhece?

Comissária: Claro, é um dos melhores, inclusive há uma agência de viagens no próprio hotel, na qual o senhor poderá solicitar suas excursões.

Passageiro: Que bom! A propósito, existem cidades interessantes perto de Madri, que possa visitar em um dia e pernoitar em Madri?

Comissária: Sim. Existem muitos lugares interessantes perto de Madri, por exemplo,Toledo, El Escorial, El Valle de los Caídos, Ávila, Segovia e La Granja.

Capítulo 15

AVISOS AOS PASSAGEIROS

Em todos os vôos de passageiros é costume levar a bordo um manual, que inclui os avisos de rotina, fornecendo aos passageiros informações práticas e interessantes, variando de acordo com a fase do vôo que se realiza. Os avisos mencionados consistem nas boas-vindas aos passageiros, notas sobre o serviço de alimentação e os coquetéis, etc.

Também se referem a procedimentos e demonstrações do equipamento de emergência, como o uso do colete salva-vidas ou das máscaras de oxigênio e outras informações especiais. Nos vôos internacionais, os avisos são dados em inglês e em outros idiomas, de acordo com o vôo e a companhia aérea. Quando os avisos relativos à velocidade e à altitude são feitos em espanhol, as informações deverão ser dadas no sistema métrico decimal (metros, quilômetros por hora) e quando em inglês, as informações deverão ser dadas no sistema inglês, utilizando milhas, pés, etc., conforme os dispositivos do DAC ou Departamento de Aeronáutica Civil.

Uso do microfone.[1] Todos os avisos feitos pelo microfone devem cumprir os seguintes padrões:

a) Não use o microfone para solicitar a presença de outro comissário de uma cabine à outra, ou da cabine à cozinha. Use para isto o sistema de comunicação interno (interfone).

[1] Esclarecemos que os avisos a bordo são semelhantes em todas as companhias aéreas. No entanto, os 12 modelos que aparecem a seguir foram selecionados do manual dos comissários da Aeroméxico, com apresentação somente em espanhol. A informação dada é fictícia.

b) Durante o vôo, entre 22h e 6h, as informações dadas por microfone, deverão ser exclusivamente quando ocorra emergência ou quando o comandante solicitar.

c) Mantenha o microfone em um ângulo de 45° e a 3cm de distância da boca.

d) Nunca assopre o microfone para testá-lo; comece a falar e saberá imediatamente se ele está funcionando. Nesse caso, faça os avisos da cabine de comando com a autorização prévia do comandante.

e) Se os avisos de informações relativas ao vôo feitos pelo comandante da cabine de comando não foram ouvidos bem ou não ficaram claros, avise o comandante imediatamente.

Boas-vindas a Bordo

Em vôos com escalas

Bom-dia, senhores passageiros. Em nome da Aeroméxico, o Comandante Mario Rodríguez e sua tripulação dão aos senhores as mais cordiais boas-vindas a bordo. Este é o vôo de número 450 com destino a Paris e com escalas em Miami e Madri.

Para sua informação, o tempo estimado de vôo até o aeroporto da cidade de Paris é de 12 horas e 15 minutos. Voaremos a uma altitude de 10.600m, com velocidade de 917km/hora. Pedimos que apertem os cintos de segurança, coloquem seus assentos em posição vertical e respeitem o aviso de não fumar durante a decolagem.

Comunicamos aos senhores, que durante todo o vôo é proibido ligar rádios, gravadores, calculadoras, telefones celulares ou qualquer equipamento transistorizado, por causar interferência diretamente em nossos equipamentos eletrônicos de radionavegação. Sugerimos que leiam as normas de segurança contidas nos respaldos dos bancos a sua frente. Nosso pessoal de cabine poderá atender e tornar sua viagem mais cômoda e agradável. Obrigada.

Em situações de trânsito

Senhores passageiros, bom-dia. Em nome da Aeroméxico, do comandante Mario Rodríguez e sua tripulação, bem-vindos a bordo. Esta é a continuação de nosso vôo 450 com destino a Paris e escala em Madri.

O tempo estimado de vôo até o aeroporto da cidade de Paris é de 8 horas e 15 minutos. Voaremos a uma altitude de 10.600m, com velocidade de 917km/hora.

Favor ajustar os cintos de segurança de seu assento, colocar o encosto em posição vertical e não fumar durante a decolagem.

Comunicamos aos senhores que durante todo o vôo está proibido o funcionamento de rádios, gravadores, calculadoras, telefones celulares ou qualquer outro aparelho transistorizado, por causar interferência diretamente em nosso equipamento eletrônico de radionavegação. Sugerimos que se informem das normas de segurança contidas no bolso do encosto do banco a sua frente. Nosso pessoal de cabine poderá atendê-lo para que faça uma viagem com conforto e prazer. Obrigado.

Em vôo direto

Bom-dia, senhores passageiros. Este é nosso vôo 301 direto à cidade de Acapulco. Em nome da Aeroméxico, do Comandante Luis Martínez e sua tripulação, damos aos senhores a mais cordial boas-vindas a bordo.

Para sua informação, o tempo estimado de vôo é de 45 minutos. Voaremos a uma altitude de 10.500m em velocidade média de 897km/hora. Pedimos que ajustem os cintos de segurança, coloquem o encosto de seus assentos em posição vertical e respeitem os avisos de não fumar durante a decolagem.

Comunicamos aos senhores que durante todo o vôo é proibido ligar rádios, gravadores, calculadoras, telefones celulares ou qualquer outro equipamento transistorizado, por causar interferência diretamente em nossos equipamentos eletrônicos de radionavegação. Sugerimos que se informem das normas de segurança contidas no bolso do encosto do banco a sua frente. Nosso pessoal de cabine poderá atendê-lo para que faça uma viagem agradável e prazerosa. Obrigado (Fig. 15.1).

Aviso Após a Decolagem

Um momento de sua atenção, por favor? O aviso de não fumar foi apagado. Somente será permitido fumar cigarros. Recomendamos que permaneçam com os cintos de segurança ajustado comodamente. Para sua informação, os cinzeiros encontram-se nos braços das poltronas e os banheiros se localizam:

a) Para primeira classe, na parte dianteira.

b) Para classe econômica, na parte central e posterior à cabine.

Ao sair para o banheiro, apaguem seus cigarros antes de deixar seu lugar. Obrigado e que tenham uma viagem prazerosa.

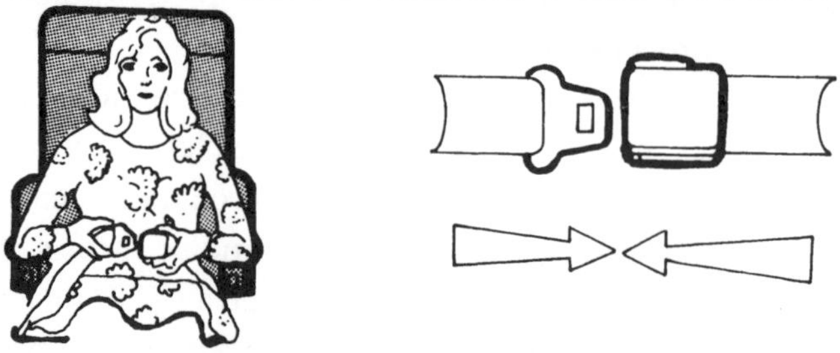

Para sua própria segurança, mantenha sempre fechado o cinto de segurança.

Ao decolar ou aterrissar, coloque sua valise debaixo de seu assento, prenda a mesinha de serviço em seu lugar e coloque o banco em posição vertical.

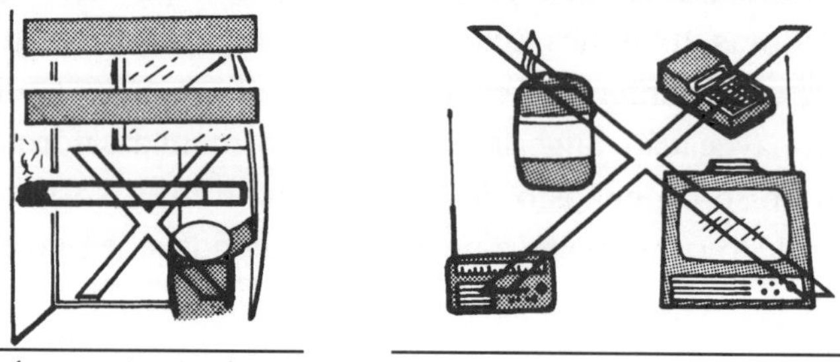

Favor não fumar no interior dos sanitários. Não use a bordo acendedores, aparelhos de rádio ou televisão, nem calculadoras eletrônicas.

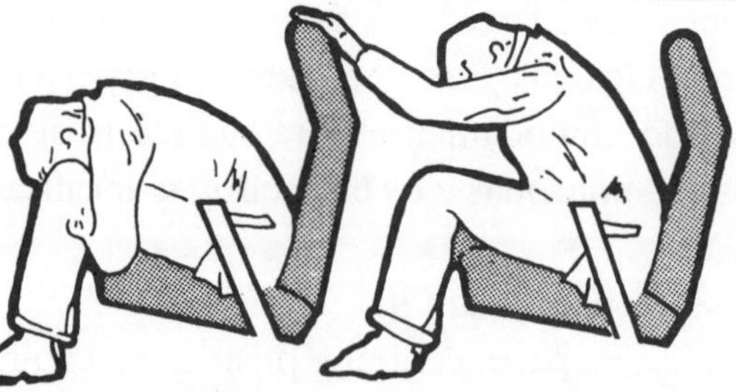

Em caso de aterrissagem forçada, não utilize objetos pontiagudos ou frágeis e utilize qualquer das posições de segurança mostradas.

Fig. 15.1. Instruções gerais.

Avisos Antes de Aterrissar

Em vôos locais

A sua atenção, por favor. Estamos efetuando nosso procedimento para aterrissar no aeroporto da cidade de Acapulco, favor ajustar o cinto de segurança, colocar a poltrona na posição vertical, prender a mesinha em seu lugar e obedecer aos avisos de não fumar enquanto o letreiro de não fumar estiver aceso. Obrigado.

Em vôos internacionais

Um momento de sua atenção, por favor. Estamos efetuando os procedimentos para aterrissar no aeroporto internacional de Orly, Paris, e pedimos que preparem seus documentos internacionais, apertem o cinto de segurança de seu assento, coloquem o encosto deste em posição vertical, deixem as mesinhas fechadas e não fumem enquanto o aviso de não fumar estiver aceso. Obrigada.

Avisos de Rotina[2]

A sua atenção, por favor. A demonstração que faremos agora é uma importante informação de rotina e solicitamos que atendam.

No caso de mudança de pressão na cabine, os compartimentos localizados no alto de seus assentos se abrirão automaticamente e as máscaras cairão para fornecimento de oxigênio. Nesse caso:

a) Se estiver fumando apague imediatamente o cigarro.
b) Puxe a máscara mais próxima e coloque-a sobre seu nariz e boca.
c) Ajuste a fita ao redor de sua cabeça e respire normalmente.

Ao puxar a máscara para seu rosto, o cordão que está junto a ela atuará como elo e permitirá o fluxo do oxigênio para a máscara. Se não for assim, puxe o cordão fortemente até que a ponta fique pendurada ou solte-o manualmente (Fig. 15.2).

---

[2] Este aviso deverá ser omitido, por ser desnecessário, em vôos a níveis inferiores a 21.000 pés de altitude, como é o caso de MEX-ACA-MEX, em razão de ser vôo curto, sendo preferível dispor deste tempo para outras atividades.

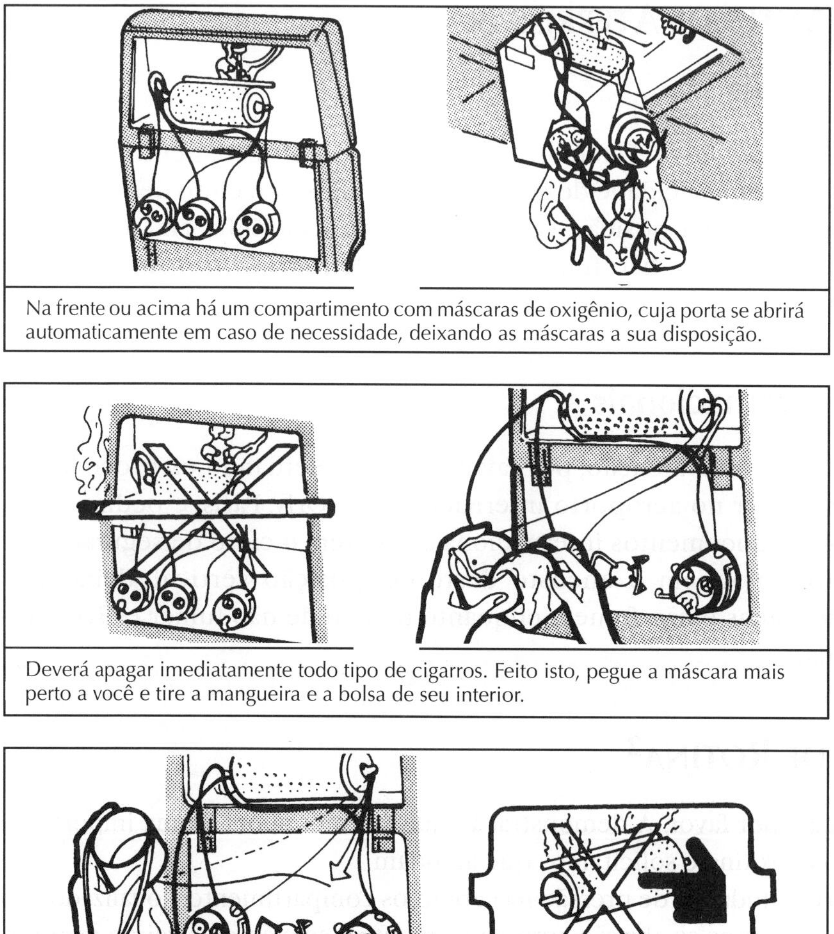

Fig. 15.2. Instruções para o uso da máscara de oxigênio em caso de despressurização do avião.

Uso de Colete Salva-vidas

Como voaremos sobre o mar é nossa obrigação demonstrar-lhes o uso do colete salva-vidas que está localizado debaixo de cada assento.

Favor observar o comissário que fará a demonstração diante de todos.

1. Passe a cabeça através da abertura.
2. Solte os cordões e ajuste comodamente. Amarre na frente.
3. Para inflar, puxe o cordão quando estiver fora do avião.
4. Estes tubos de borracha servem para inflar o colete com a boca caso seja necessário.
5. As saídas de emergência estão indicadas claramente em ambos os lados da cabine sobre as asas, nas partes dianteira e posterior do avião.

O bolso que está em frente a seu assento contém instruções complementares. Se desejar algum esclarecimento, consulte-nos (Fig. 15.3).

Depois da Aterrissagem

Bem-vindos a... Pedimos que permaneçam sentados até que o avião esteja parado totalmente.

Em vôos nacionais: Queremos lembrar que se assegurem de estar levando consigo todos seus pertences pessoais.

Em vôos internacionais: Uma vez mais lembramos que tenham em mãos seus documentos de alfândega e imigração, bem como levem consigo todos os seus pertences pessoais.

Em todos os vôos: A hora local é 11:05h e a temperatura é de 23°C. Esperamos que este vôo tenha sido prazeroso e desejamos ter oportunidade de atendê-los novamente. Ao descer do avião, nosso pessoal em terra estará esperando pelos senhores para auxiliar nos trâmites de chegada. *Nos vôos internacionais acrescentar:* Caso tenha intenção de conectar com outro vôo, por favor informem à tripulação. Os passageiros que tenham reservas de regresso pedimos que confirmem (24h em vôos nacionais e 72h em vôos internacionais) antes de sua saída, pois, caso contrário, serão canceladas. Passageiros em trânsito, informamos que permaneceremos neste aeroporto por aproximadamente 30 minutos.

Em nome da Aeroméxico, do comandante Mario Rodríguez e sua tripulação, muito obrigado e boa-tarde.

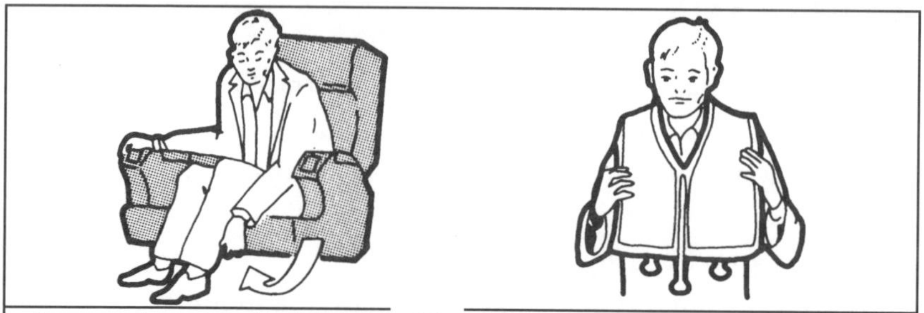

Pegue o colete salva-vidas localizado debaixo de seu assento e ponha-o como mostra a figura, sem levantar-se de seu lugar.

Prenda os encaixes da fita na argola. Ajuste as fitas em sua cintura puxando as pontas.

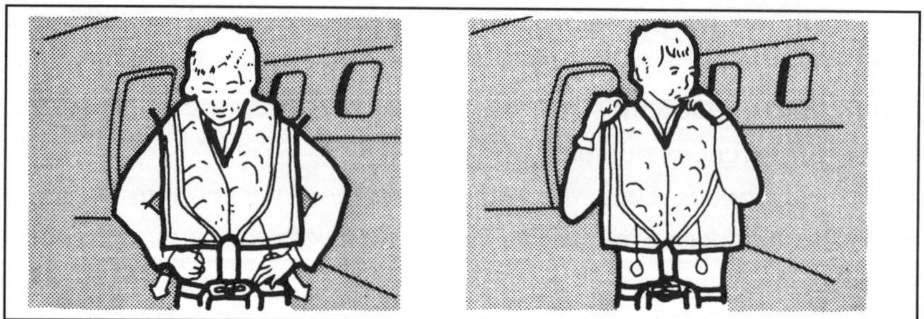

Quando estiver fora do avião, infle o colete salva-vidas, pelas placas vermelhas. Se o colete perder ar, sopre nas pontas para inflá-lo.

Para as crianças: passe a fita entre as pernas, prenda-as à argola e ajuste. Rodeie a cintura com as fitas e amarre-as entre si. Puxe somente uma das placas vermelhas para inflar.

Fig. 15.3. Instruções em caso de pouso na água.

Aviso Sobre o Formulário para Declaração de Bagagem em Vôos para os Estados Unidos

(Fornecido na primeira oportunidade depois de decolar.)

Senhores passageiros, o governo dos Estados Unidos exige o uso do Formulário de Declaração de Bagagem que será entregue agora. Pedimos que preencham antes da chegada a Los Angeles.

Lembramos que o formulário de Imigração I-94 é indispensável ao chegar aos Estados Unidos e caso não o tenham, solicitem ao comissário para que possam preenchê-lo imediatamente. Recomendamos que preencham com caneta, em letra de forma, apoiando o suficiente para sair a cópia e não utilizar tinta vermelha. Os cidadãos norte-americanos não necessitam deste formulário.

Aviso de Aplicação de Inseticida

(Fazer 30 minutos antes da aterrissem.)

Senhores passageiros, é um requisito das autoridades de Saúde dos governos do México e dos Estados Unidos que o avião seja desinfetado antes de nossa chegada a Los Angeles.

Pedimos que não fumem enquanto o fazemos. Obrigada.

Avisos Ocasionais

Sua atenção, por favor. O comandante deseja avisar que em conseqüência do intenso tráfego aéreo na região do aeroporto, permaneceremos a bordo aproximadamente 20 minutos.

O comandante lamenta informar que em razão de (ajuste mecânico, rádio, etc.) teremos de regressar à plataforma. Tão logo tenhamos mais informações, comunicaremos imediatamente.

Em decorrência do radar indicar a possibilidade de turbulência, pedimos que apertem os cintos de segurança. A vibração que se sente nestes momentos é provocada pelos freios de ar do avião.

EXERCÍCIOS

I. Alguns passageiros desejam esclarecer suas dúvidas ou surgiu algum problema durante qualquer momento do vôo, particularmente tratando-se de passageiros que voam pela primeira vez. Aqui estão algumas perguntas típicas; responda de maneira adequada e cortês, conforme os conhecimentos adquiridos durante o curso.

1. Um passageiro que voa entre México e Acapulco deseja saber o tempo de vôo entre essas duas cidades, que é de 45 minutos.

   Resposta: ____

   ____.

2. Um passageiro reclinou seu assento. É preciso pedir-lhe que mantenha o assento em posição vertical para decolar.

   Resposta: ____

   ____

   ____.

3. Um passageiro deseja saber qual é a causa do movimento violento do avião, a turbulência, ou seja, o movimento desordenado do ar.

   Resposta: ____

   ____

   ____.

4. Um passageiro deseja ler o jornal, para tanto aperta o botão para chamar o comissário para perguntar a respeito dos jornais que existem a bordo. Há *O Sol, Novidades e Excelsior*.

   Resposta: ____

   ____

   ____.

5. Um rabino (ministro da fé judia) deseja saber se existe a bordo "Kosher" (alimento especial que essas pessoas costumam pedir). Existe Kosher a bordo, pois foi pedido com antecedência.

   Resposta: ____

   ____

   ____.

6. Um passageiro que viaja na classe turística quer saber se as bebidas servidas depois de decolar estão incluídas no preço. Nas companhias internacionais, os passageiros que viajam em classe econômica devem pagar suas bebidas.

Resposta:.____

____

____.

7. Um passageiro com destino a Paris no vôo 450 da Aeroméxico procedente de México, deseja saber em que cidades faz escala o vôo em questão.

Resposta: ____

____

____.

8. Outro passageiro de nacionalidade mexicana deseja saber que documentos deverá apresentar na Imigração ao chegar a Paris.

Resposta: ____

____

____.

9. Um pai de família, que viaja em companhia de sua esposa e filhos, deseja saber se tem de preencher declaração para a alfândega para cada membro de sua família ou se uma é suficiente para todos.

Resposta: ____

____

____.

10. Um passageiro que leva consigo um pacote pesado pergunta ao comissário se pode colocá-lo no bagageiro.

Resposta: ____

____

____.

II. Responda às seguintes perguntas

1. O que os avisos de rotina proporcionam ao passageiro?

____

____.

2. Em que consistem os avisos de rotina?

____

____.

3. Em que idiomas se realizam os avisos de rotina?

____

____.

4. Em que sistema deverá ser dada a informação relativa à velocidade e à altitude, quando os avisos são feitos em inglês?

____

____.

5. Em que sistema deverá ser dada a informação relativa à velocidade e à altitude, quando os avisos são feitos em espanhol?

____

____.

6. Por qual sistema o comissário deve solicitar a presença de outro comissário de uma cabine à outra?

____

____.

7. Em que casos se poderá dar informações pelo microfone durante o vôo, entre as 22h e 6h?

____

____.

8. A que distância da boca deve-se manter o microfone?

____

____.

9. De que maneira pode ser testado o microfone para saber se funciona?

____

____.

10. Que deverá fazer o chefe dos comissários quando os avisos de informações relativas ao vôo que o comandante tenha feito da cabine não sejam ouvidos bem ou não sejam muito claros?

____

____.

III. Os avisos de rotina que se fazem durante o vôo estão incluídos no manual que existe a bordo, mesmo que o chefe dos comissários leia em geral, no entanto, existem outros avisos que não são padrões relativos ao vôo que o comandante faz. Em vista disto, escreva cinco avisos curtos que o comandante faria aos passageiros pelo alto-falante, baseando-se na seguinte informação:

1. O comandante dirige-se aos passageiros para saudar e informar alguns dados sobre a duração do vôo, a altitude (em metros) e a velocidade (em quilômetros por hora) que voarão.

____

____

____.

2. No vôo com destino ao Cairo, Egito, o comandante dirige-se aos passageiros para informar-lhes que em poucos momentos estarão sobrevoando as pirâmides de Gizeh.

____

____

____.

3. O comandante dirige-se aos passageiros para informar-lhes que em poucos instantes estarão passando por uma área de turbulência, por isso pede que para a própria segurança voltem seus assentos e apertem os cintos de segurança.

____

____

____.

4. O comandante informa aos passageiros que em razão do intenso tráfego aéreo que acontece no aeroporto Love Field em Dallas, Texas, recebeu ordens da torre de controle de sobrevoar o aeroporto durante 30 minutos adicionais, podendo, depois desse tempo, aterrissar.

____

____

____.

5. Em vôo com destino a Frankfurt, Alemanha, o comandante dirige-se aos passageiros para informar que em decorrência de ventos de frente mais fortes que o normal, o avião chegará com atraso de uma hora a seu destino e estará em condições de desembarque de passageiros, exatamente às 10:30h; além disso informará que o tempo no aeroporto em questão, está claro, sem nuvens, a visibilidade é boa e a temperatura é de 25°C.

____

____

____.

IV. Assinale a opção que considerar correta

Em que fase do vôo são feitos estes avisos?

1. Anúncio de aplicação de inseticida.
   ( ) *a)* Antes da aterrissagem.
   ( ) *b)* Antes do vôo.
   ( ) *c)* Durante o vôo.
   ( ) *d)* Após o embarque.
2. Boas-vindas.
   ( ) *a)* Fase posterior à aterrissagem.

( ) *b)* Antes da aterrissagem.
( ) *c)* Antes do vôo.
( ) *d)* Após o embarque.

3. Aviso de formulário de declaração de bagagem em vôos para os Estados Unidos.
( ) *a)* Durante o vôo.
( ) *b)* Durante a aterrissagem.
( ) *c)* Antes da aterrissagem.
( ) *d)* Antes do vôo.

4. O seguinte aviso ocasional: Em decorrência do radar indicar a possibilidade de turbulência, pedimos que ajustem os cintos de segurança;
( ) *a)* Fase anterior ao vôo.
( ) *b)* Durante o embarque.
( ) *c)* Antes da aterrissagem.
( ) *d)* Durante o vôo.

5. O seguinte anúncio: Esperamos que o vôo tenha sido agradável e desejamos que estejam novamente em futuro bem próximo em algum de nossos vôos; em nome da Ibéria, Linhas Aéreas da Espanha, o comandante Antonio Huerta e sua tripulação; muito obrigado e bom-dia.
( ) *a)* Durante o vôo.
( ) *b)* Após à aterrissagem.
( ) *c)* Durante o embarque.
( ) *d)* Antes da aterrissagem.

DRAMATIZAÇÃO DOS AVISOS

Substituindo os diálogos que aparecem nos capítulos anteriores, o professor se certificará de que seus alunos decorem os avisos, distribuindo-os da melhor maneira possível.

Se achar necessário, poderá consultar o manual de avisos, a versão em inglês destes avisos e a obra *Through the World of Tourism* desta série.

Se a instituição dispuser de oficina de teatro, sugere-se ao professor titular, que além de decorar os diálogos, dramatizem com ajuda do professor de teatro, pois dessa maneira o aluno poderá obter visão mais ampla destas atividades a bordo de um avião e desenvolver-se melhor.

Capítulo 16

TRANSPORTE TERRESTRE

Existem fundamentalmente três meios de transporte terrestre: o automóvel, o ônibus e o trem.

1. Serviço de Automóveis

Este serviço pode ser proporcionado com ou sem motorista. O serviço com motorista é atualmente pouco usado, no entanto, é oferecido esporadicamente para passeios, percursos, excursões locais, ou ainda um serviço a executivos. O serviço sem motorista oferece muitas vantagens, pois o turista pode deslocar-se a seu prazer.

Existem várias agências que alugam carros em todo o mundo, destacando-se entre elas Odin, Avis, Hertz, Budget, etc. (Fig. 16.1).

A seguir faremos descrição geral do funcionamento destas, sabendo-se que o sistema pode variar de uma companhia a outra.

Os automóveis podem ser alugados diretamente nos escritórios das companhias de aluguel ou por meio de uma agência de viagens. Tanto o aluguel como a devolução do carro podem ser feitos na mesma cidade ou ainda alugar em um lugar e deixar em outro. Em geral, as tarifas incluem um seguro de responsabilidade contra

Fig. 16.1. Serviço de automóveis.

morte e lesões corporais (excluindo os ocupantes) e responsabilidade por dano material a terceiros, perda ou dano do veículo. O cliente fica protegido contra a perda ou danos ao veículo, como incêndio, roubo ou danos por colisão acima de um valor determinado e renúncia ao pagamento por danos ou colisão. Esse seguro está disponível em qualquer cidade a um custo adicional que pode ser diário ou semanal.

O cliente deverá cobrir mais os gastos com:

a) Gasolina, imposto e furto.
b) Tarifa diária ou semanal em caso de querer cobertura total no seguro.
c) O custo do seguro de gastos médicos para os ocupantes.
d) Encargo adicional por quilômetro para devolver o automóvel entre cidades não incluídas no plano "Alugue em uma cidade e devolva na outra".

Para alugar um carro, o cliente deverá:

- Ser maior de 25 anos.
- Possuir carteira de motorista vigente.
- Apresentar carteira de identidade além da carteira de motorista.
- Ter um cartão de crédito (incluindo os cartões Odin, Hertz, Avis, etc.) ou deixar depósito em dinheiro.

As companhias de aluguel alugam também automóveis em conjunto com as companhias aéreas, dispondo de muitas propostas a respeito.

Formas de pagamento. O pagamento pode ser feito em dinheiro, com cartão de crédito ou na própria conta da passagem aérea, se for em conjunto com a empresa aérea.

2. Serviço de Ônibus

Este serviço está em alta atualmente em razão da capacidade e baixo custo dessas unidades, pois favorecem o deslocamento turístico. Os ônibus operam em linhas regulares e em serviços não-oficiais.

As linhas de serviço regular podem ser nacionais ou internacionais. Essas linhas estão comercializadas por grandes companhias, o que traz como conseqüência a competição entre as linhas mencionadas, que tem como resultado serviço melhor ao passageiro (Fig. 16.2).

Como exemplo dessas linhas temos a Greyhound nos Estados Unidos, Autobuses Anáhuac no México e Auto-Res na Espanha (Fig. 16.3).

Fig. 16.2. Desfrutando da cordialidade do pessoal viajando em ônibus.

Os escritórios das linhas de ônibus, nos quais são expedidas as passagens para este tipo de transporte, e as agências de viagens usam bilhetes de linhas de ônibus e dispõem de publicação mensal que se chama *Russell's Official National Motor Coach Guide*, livro de referência, incluindo os horários da maioria das linhas de ônibus que operam nos Estados Unidos, Canadá, México e América Central. Esses horários estão divididos em três agrupamentos principais. A primeira parte do livro é dedicada à Greyhound e companhias afiliadas.

Fig. 16.3 Serviço de ônibus.

A parte central do livro é dedicada a companhias independentes de conexões.

A última parte é dedicada ao sistema National Trailways e companhias afiliadas. Para encontrar o serviço desejado, é necessário buscar primeiramente o ponto menos familiar. Se o ponto não corresponde a alguma cidade importante, é preciso consultar no final do guia nas tabelas que contêm os números, indicando a linha de ônibus que opera na cidade que não é familiar.

No caso de aparecerem várias companhias no índice, poderá ser selecionada a que mais convenha. Se o ponto estiver próximo a um importante centro de serviços de ônibus, será fácil manusear os mapas que Greyhound e Trailways proporcionam.

Todos os itinerários que aparecem no livro-guia, que não incluam algum símbolo de freqüência ou outra indicação, presume-se que operem diariamente.

Também, se não estiver indicada a hora-padrão, considera-se que no horário dos itinerários está incluída a hora local.

Para completar mencionaremos que para efeitos de manuseio pelo pessoal envolvido, cada linha de ônibus é identificada por uma sigla que contém aproximadamente de duas a três letras. A seguir listamos pequeno grupo de nomes de linhas de ônibus com a sigla correspondente:

Nome	*Sigla*
American Coach Lines, Inc.	AMC
Arizona Bus Lines, Inc.	ARZ
Autobuses Anáhuac, S.A. de C.V.	ATA
Continental Bus Service, Inc	CTS
Greyhound Lines of Canadá, Ltda.	ECG
De Luxe Trailways, Inc.	TWS
Omnibus de México, S.A. de C.V.	OMA
Transportes Chihuahuenses, S.A. de C.V.	TC
Transportes del Norte	TDN

Ao final do livro-guia há uma tabela que contém as tarifas de ônibus entre diversos pontos, tanto em viagens simples como em viagens de ida e volta, considerando que a tarifa em ida e volta, equivale a 190% da tarifa de viagem simples.

As linhas de serviços não-oficiais, cujas operação e comercialização são basicamente turísticas, permitem a elaboração de percursos em massa feitos freqüente ou eventualmente, com veículos especiais de maior conforto e visibilidade como é o caso da organização Polvani, particularmente na Europa, onde opera com seus próprios carros pullmans “Gran Turismo” de 16, 28, 44, 48 e 52 lugares, com rádio, aquecimento e janelas panorâmicas. Os assentos, em alguns itinerários, são ocupados de maneira rotativa, mudando em cada etapa, proporcionando a assistência de um intérprete em toda a viagem.

Os serviços de ônibus de tipo freqüente são realizados durante os meses de maior afluência de turistas e prestam os seguintes serviços:

a) Visita diurna e noturna a cidade.

b) Excursão aos arredores das cidades com duração não superior a um dia e que inclui refeição. Por exemplo, excursão a Cuernavaca e Taxco, pernoitando na cidade do México, excursão ao Escorial e Valle de los Caídos pernoitando em Madri, e excursão a Versalles e Fontainebleau, pernoitando em Paris.

c) Excursão que inclui diversos pontos turísticos que estejam distantes entre si, dentro ou fora do país, de duração de um dia no mínimo. Por exemplo, a excursão *Yucaribe* que inclui em seu trajeto Mérida, Progresso, Uxmal, Kabah, Chichen-Itzá, Cancún e Akumal.

Os serviços de ônibus do tipo eventual podem ser utilizados para visita local, aos arredores, regional ou nacional somente feitos pela demanda, equivalem aos vôos *charter* no transporte aéreo.

3. Serviço Ferroviário

O serviço ferroviário atualmente é importante meio de transporte terrestre para deslocamentos turísticos, pois oferece grandes vantagens por dispor de unidades confortáveis, permitindo apreciar as belezas naturais que o interior oferece, como rios, vales, montanhas, bosques e também as cidades que atravessa (Fig. 16.4).

O transporte ferroviário foi realizado a princípio por companhias privadas, mas atualmente vem perdendo a operação para o setor público, que passou a cuidar da manutenção, melhoria e comercialização.

Em conseqüência, sua operação é a base de linhas regulares, rotas e itinerários fixos. Os equipamentos com os quais essas linhas operam são variáveis, contando com locomotivas elétricas ou de vapor, diesel ou automotores, combinando elétrico-diesel.

O equipamento oferecido pelas linhas de trem para atender ao turismo é formado por vagões ou carro de passageiros, carro-restaurante, carro salão, carro-leito e os chamados carro-transporte para transportar os veículos. No que se refere a vagões-dormitório, abordaremos a seguir este assunto.

Compartimento: Possui bicama separada do corredor por meio de cortinas muito seguras. Durante o dia são duas confortáveis poltronas almofadadas (Fig. 16.5).

Fig. 16.4. Serviço ferroviário.

Fig. 16.5. Modelo de um compartimento.

Cabine. Quarto ideal para uma pessoa (servindo também para duas pessoas) com confortáveis assentos durante o dia e confortável cama durante a noite, com sanitários e lavabos privados. A cama está pronta para ser usada somente movendo uma maçaneta visível e movendo uma alavanca da parte superior (Fig. 16.6).

Quarto simples. Constituído por duas bicamas, com serviço de sanitário, lavabo e armário de roupas. É amplo e confortável (Fig. 16.7).

Quarto duplo. É a combinação de dois quartos simples que podem unir-se e formar um só quarto com os serviços duplicados. É ideal para famílias grandes.

Gabinete. É adequado para famílias por ser mais espaçoso. Composto por bicama, um sofá-cama, que durante o dia pode ser usado como um assento confortável. Serviço de sanitário e lavabo privados.

Fig. 16.6. Modelo de cabine.

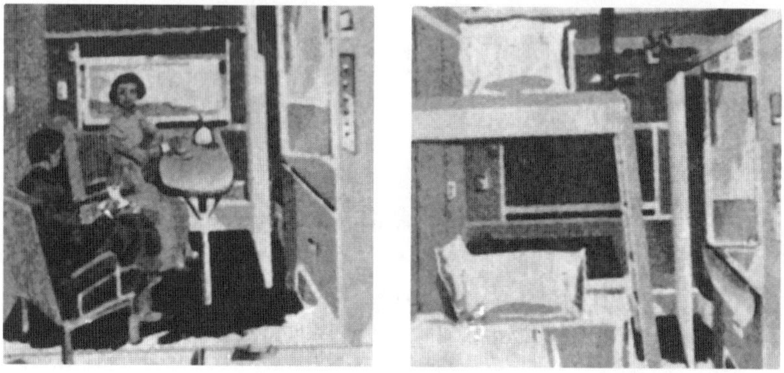

Fig. 16.7. Modelo de quarto simples.

O transporte ferroviário presta dois tipos de serviços: serviço público e serviço especial. O primeiro é o oferecido ao público em geral, enquanto o segundo é oferecido para grupos em particular de pessoas que alugam parte do equipamento, a fim de percorrer certos pontos de atrativos turísticos de uma rota local, regional, nacional ou internacional.

Como exemplo de uma rota regional, citamos o trem Chihuahua ao Pacífico, que atravessa a Serra Tarahumara, em que o turista pode apreciar as fortes torrentes de água e grandes cachoeiras, árvores tipo Mopa e Kapoc floridas e misturadas às orquídeas silvestres e fruta tropical ao fundo dos vales, podendo ver também os índios tarahumaras que são vistos freqüentemente, ao lado da ferrovia com sua indumentária original.

Outro exemplo desses percursos no México é o das estradas de ferro do sudeste, que incluem em seu roteiro Yucatán, Campeche, Tabasco, Chiapas e Vera Cruz.

Cabe mencionar também, os serviços prestados pelo trem de montanha ou trem a carvão, de percursos curtos, mas de grande atrativo turístico por permitir admirar panorâmicas espetaculares. É o caso do trem a carvão na Áustria que opera entre St. Wolfgang Schafbergbahn e Schafbergspitze.

Como conseqüência do uso racional das linhas internacionais de trens, particularmente na Europa, criou-se um serviço exclusivo para fins turísticos chamado "Cruzeiro de Trem", baseado no programa autorizado pelos países envolvidos. Esse serviço é oferecido para ser usado à vontade do turista. Denomina-se Eurailpass e o Student Railpass é uma variante do anterior.

Eurailpass. Bilhete único que permite viajar ilimitadamente por estrada de ferro, em primeira classe, por 13 países da Europa Continental, pago antecipadamente. Eurailpass oferece quilometragem para deslocar-se a qualquer ponto da Europa, realiza escalas que convenham ao usuário, com toda a liberdade. Se preferir, podendo escolher uma cidade como ponto de partida e dela fazer várias excursões de trem (Fig. 16.8).

Mas Eurailpass não se limita exclusivamente às viagens por ferrovias. Possibilita também a realização de excursões em vapores fluviais e lacustres de diversos rios europeus, além de ser válido por muitos *ferry-boats* e outros serviços de *autocars*. Os menores de 4 anos de idade viajam sem pagar.

Student railpass. Bilhete único que permite a qualquer estudante menor de 26 anos, a viajar ilimitadamente por ferrovia durante dois meses, em segunda classe, através de 13 países da Europa Continental, pago também antecipadamente. Com esse bilhete ferroviário se poderá percorrer confortavelmente, mais de 160.000km de itinerários que unem cidades, povos e lugares de interesse histórico, turístico ou cultural.

Recorra Europa por ferrocarril

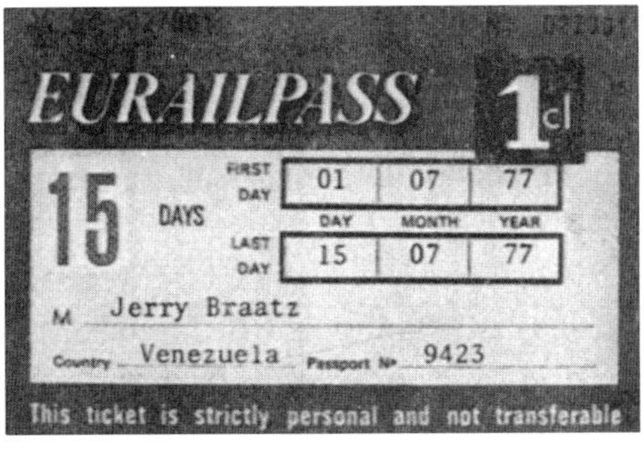

Fig. 16.8. Transporte terrestre (ferroviário).

Student Railpass autoriza também a seu possuidor viajar sem pagar ou com bons descontos em *ferry-boats* para travessias marítimas e em muitos barcos a vapor de serviços fluviais ou lacustres, além da Europa Bus e outros serviços de *autocar*, ou seja, gratuitamente ou a preços reduzidos.

Semelhantemente aos serviços mencionados, existem na América o Canrail Pass, que opera no Canadá e o Ameral Pass, que opera na América Latina.

Como complemento das linhas ferroviárias regulares, funcionam os transportes por cabo: bondinhos, teleféricos, tele-esqui, etc. Como é o caso do bondinho para subir ao monte Pilatos, na Suíça.

Para concluir este tema, incluímos algumas informações gerais:

Compra de bilhetes. Recomenda-se aos viajantes que obtenham pessoalmente seus bilhetes expedidos pelas estações ou por meio de um agente de viagem, a fim de evitar fraudes que costumam acontecer quando pessoas estranhas intervêm na compra.

Bilhetes para crianças. As crianças entre cinco e doze anos pagarão meia passagem, devendo viajar acompanhados de adultos. Também pagarão meia passagem os menores de cinco anos, que ocupem assento e deixem passageiros em pé por falta de lugar. Não são aceitos bilhetes inteiros para cobrir a passagem das crianças, nem meia passagem para um adulto.

BAGAGEM

O peso da bagagem transportada gratuitamente, livre de cobranças por cada passagem de adulto é:

Com bilhete de primeira, dormitório...	50kg
Com bilhete de primeira, carro...	50kg
Com bilhete de segunda classe...	25kg

(Com meia passagem é transportada a metade das bagagens que se concedem a bilhetes inteiros.)

Peso máximo. Não é permitido nenhum pacote cujo peso exceda a 115 quilos.

Com cada passagem de qualquer classe poderá ingressar até trezentos quilos de peso, incluindo o peso livre de impostos.

De acordo com o regulamento de bagagens, não deverão ser registrados como bagagem: jóias, dinheiro e nem artigos de valor, pois essas remessas devem ser feitas por expresso para pagar o frete correspondente. As ferrovias não se responsabilizam pela perda de tais objetos quando forem registrados como bagagem.

Bagagem a bordo dos vagões. Cada passageiro pode levar consigo dentro do carro até 25kg de bagagem, sempre que os volumes tenham dimensões apropriadas de maneira que não atrapalhem os demais viajantes, nem obstruam a passagem. Não serão aceitos os volumes que por sua natureza possam oferecer danos ou incômodo.

A bordo dos carros-dormitório somente são transportados objetos sob a responsabilidade do passageiro. As bagagens de mão devem ser acomodadas de baixo dos assentos de seus proprietários.

Os trens não são responsáveis por pacotes ou bagagem que não tenham sido registrados devidamente nos escritórios.

Estado das bagagens. Nas estações são registrados os baús, estojos de tabaco, caixas ou estojos que não estejam fechados com chave, ensacados ou seguros de qualquer outra forma. O público deve ajudar para que se cumpram as disposições em benefício de seus próprios interesses, fazendo com que todos os volumes de bagagem cheguem com segurança a seu destino.

Pagamento por armazenagem. As bagagens recebidas nas estações de ferro e que não sejam retiradas dentro de dois dias após a chegada, implicarão em armazenagem diária, incluindo os domingos e feriados, a razão de 25 centavos por cada 50kg ou fração. A quantidade máxima que poderá ser cobrada mensalmente por cada volume de bagagem é de 3,30 pesos.

Transporte de cadáveres. O transporte de cadáver somente será feito por expresso e sempre que uma pessoa adulta viaje junto para se responsabilizar, com a respectiva passagem.

Transporte de animais domésticos. Não é permitido levar cachorros e gatos ou outros animais domésticos dentro dos trens de passageiros. Esses animais poderão ser transportados em outros vagões do mesmo trem no qual viajam seus donos, mediante o pagamento de uma taxa aos responsáveis pelos guarda-volumes, como gratificação.

Os cachorros e gatos deverão ter coleira e corrente ou estar presos de outra maneira. Não se transporta acima de dois cachorros ou gatos ou uma jaula de pássaros, por cada bilhete de primeira ou segunda classe. O transporte desses animais se faz exclusivamente para facilitar aos viajantes e as quantias que se cobram ficam como gratificação aos guarda-volumes. Portanto, as ferrovias não admitem responsabilidades por qualquer dano ou perda que possam sofrer os animais.

Os passageiros que não desejam passar a responsabilidade aos ferroviários, quando levem consigo seus animais de valor real ou estimativo, devem embarcá-los por expresso, segundo as tarifas respectivas.

EXERCÍCIOS

I. Complete as frases com a palavra adequada

1. Existem precisamente ____________ meios de transporte terrestre: o automóvel, o ônibus e o ____________.
2. O ____________de automóveis pode ser oferecido com ou sem ____________.
3. O serviço com ____________ é atualmente pouco utilizado, mas é oferecido em forma ____________.
4. O serviço sem ____________ oferece muitas vantagens, uma vez que o turista pode ____________ seu prazer.
5. Existem várias ____________ que alugam automóveis no mundo, ____________ entre elas: Odin, Avis, Hertz, Budget, etc.
6. Os automóveis podem ser alugados diretamente nos escritórios da ____________locadora ou por intermédio de uma agência de ____________.
7. O aluguel e devolução do automóvel pode ser efetuado dentro de uma mesma ____________ ou pode-se alugar em um lugar e deixá-lo em ____________.
8. Para alugar um carro, o ____________ deverá ser ____________ de 25 anos.
9. As companhias alugam também automóveis em conjunto com as ____________ dispondo de um número grande de ____________.
10. O pagamento pode ser efetuado em ____________, com cartão de crédito ou debitando no crédito ____________.

II. Responda às seguintes perguntas

1. Como se chama o livro usado para encontrar informações relativas às linhas de ônibus?

____

____.

2. Que tipo de informações pode ser encontrado no livro de referência?

____

____.

3. De que trata a primeira parte do livro?

____

____.

4. De que trata a parte central do livro?

____

____.

5. De que trata a última parte do livro?

____

____.

6. Quais as características dos autos pullman?

____

____.

7. Durante que meses se oferecem os serviços de ônibus regulares?

____

____.

8. Enumere os três tipos de serviços que prestam os ônibus regulares?

____

____.

9. Quais os tipos de serviços que os ônibus de tipo eventual oferecem?

____

____.

10. A que equivalem os serviços de ônibus de tipo eventual em relação com os serviços de transporte aéreo?

____

____.

III. Coloque nos parênteses a letra correspondente à palavra que completa a frase adequadamente

1. O serviço ferroviário foi prestado a princípio por ( ).
2. O serviço que oferece o trem para atender ao turismo inclui ( ).
3. O dormitório que possui uma bicama separada dos demais passageiros por meio de cortinas seguras é conhecido por ( ).
4. O dormitório que possui duas bicamas, com serviços sanitários, lavabo, é conhecido como ( ).
5. O dormitório que possui duas bicamas, um sofá-cama, serviço sanitário, lavabo é chamado de ( ).
6. A combinação de dois quartos que podem ser unidos para formar um só quarto grande é conhecida como ( ).
7. O transporte ferroviário presta dois tipos de serviços: o serviço público e o ( ).
8. O serviço público é o que se proporciona ao público em ( ).
9. Os serviços de trem de montanha são um grande atrativo ( ).
10. O serviço criado na Europa para ser usado à vontade do turista é chamado ( ).

A. Companhias nacionais
B. Compartimento
C. Especial
D. Geral
E. Companhias privadas
F. Gabinetes
G. Vagões
H. Privado
I. Eurailpass
J. Quarto simples
K. Canraill Pass
L. Turístico
M. Quarto duplo.

IV. Assinale a opção que considerar correta

1. O Eurailpass é uma passagem que permite viajar por estrada de ferro, em primeira classe através de:
   ( ) *a)* Toda Europa.
   ( ) *b)* 13 países da Europa.
   ( ) *c)* Europa Oriental.
   ( ) *d)* Europa Ocidental.

2. O Student Railpass é um bilhete único que permite a estudantes viajarem ilimitadamente por trem:
   ( ) *a)* Menores de 12 anos.
   ( ) *b)* Maiores de 12 anos.
   ( ) *c)* Menores de 26 anos.
   ( ) *d)* Maiores de 26 anos.

3. O Eurailpass permite transporte em:
   ( ) *a)* Ambas as classes.
   ( ) *b)* Primeira classe.

( ) *c)* Todas as classes.
( ) *d)* Segunda classe.

4. O Student Railpass permite transporte em:
( ) *a)* Ambas as classes.
( ) *b)* Primeira classe.
( ) *c)* Todas as classes.
( ) *d)* Segunda classe.

5. As crianças de oito anos que viajam com Eurailpass pagam:
( ) *a)* Viajam sem pagar.
( ) *b)* Viagem simples.
( ) *c)* Meia passagem.
( ) *d)* Passagem completa.

DIÁLOGOS

A. O Sr. Garcia encontra-se na estação de Buenavista, com o objetivo de escolher o serviço de um carro-leito, pois viajará a Monterrey.

Funcionário: Em que posso servi-lo?

Sr. Garcia: Saio na próxima quinta-feira no Regiomontano com destino a Monterrey e queria informações sobre o serviço de carro-leito.

Funcionário: Viaja só ou em companhia de alguém?

Sr. Garcia: Viajo em companhia de minha esposa e meus dois filhos.

Funcionário: Bem, então posso oferecer dois compartimentos que possuem cada um deles uma bicama, que estão separados dos demais passageiros por cortinas muito seguras.

Sr. Garcia: Tem banheiro privado?

Funcionário: Não, mas em cada vagão há um banheiro para senhoras e outro para cavalheiros. Prefere um quarto?

Sr. Garcia: O que há nos quartos?

Funcionário: O quarto simples é composto por uma bicama. Oferece também serviço de sanitários lavabo e armário de roupas. É amplo e confortável.

Sr. Garcia: Bem, somente um quarto seria insuficiente.

Funcionário: Bom, nesse caso, pode ficar com um quarto duplo que é a combinação de dois quartos que podem unir-se para formar um só quarto com os serviços de um duplicado.

Sr. Garcia: Parece-me ideal.

B. Jorge Farel, que viajará da Cidade do México a Guadalajara, onde assistirá a um congresso durante uma semana, encontra-se em uma agência de viagens, com o objetivo de alugar um automóvel para deslocar-se nessa cidade.

Agente de viagens: Sente-se, por favor. Em que posso ajudá-lo?

Jorge: Queria algumas informações sobre aluguel de carros.

Agente de viagens: Tem alguma preferência por alguma companhia em particular?

Jorge: Não exatamente; no entanto, disseram-me que a Hertz tem bons automóveis e o preço é razoável.

Agente de viagens: É verdade. Aqui está o folheto com as tarifas.

Jorge: Responda-me, é possível entregar-me o carro diretamente em Guadalajara ou será entregue aqui?

Agente de viagens: O senhor decide. Podemos entregá-lo aqui ou em Guadalajara. Também sugiro que leia atentamente os requisitos para alugar um carro. Como pode observar é preciso ser maior de 25 anos, ter carteira de motorista vigente, mostrar uma identificação e possuir cartão de crédito ou deixar um depósito em dinheiro.

Jorge: Não há problemas, pois possuo todos os requisitos. Vejo que terei de pagar o combustível, o imposto e o custo de qualquer roubo parcial.

Agente de viagens: Exatamente, ainda que o senhor deseje gozar de uma cobertura total do seguro, terá de pagar uma tarifa diária ou semanal adicionalmente.

Jorge: Acho que no meu caso, pagaria a tarifa semanal adicional, já que vou permanecer em Guadalajara aproximadamente uma semana.

Agente de viagens: De acordo. Deseja pagar em dinheiro ou com cartão de crédito?

Jorge: Com cartão de crédito. Aqui está.

Capítulo **17**

TRANSPORTE AQUÁTICO

Primeiramente convém destacar que a navegação aquática pode ser definida como o conjunto de atividades efetuadas para o controle dos movimentos de uma embarcação. O transporte aquático pode classificar-se em marítimo, fluvial e lacustre.

Transporte marítimo. O transporte marítimo se subclassifica em:

a) De serviço regular. Com rotas e itinerários fixos; para transporte de passageiros, sejam eles turistas ou não.

b) Cruzeiros. Exclusivos para turistas, com visitas a portos que contam com atrativos, e na maioria dos casos têm como destino final o ponto de partida.

c) Balsas. Para o transporte de passageiros e veículos, unindo portos e distâncias relativamente curtas.

d) Embarcações esportivas e de lazer. Para a prática dos esportes aquáticos.

Transporte fluvial/lacustre. Este tipo de transporte se subclassifica em:

a) De serviço regular. De percursos fixos, ligando povos à beira de um lago.

b) De serviço turístico. Com roteiros e itinerários unicamente para grupos de turistas.

c) Lanchas esportivas e para lazer. Para a prática dos esportes aquáticos.

Cabe destacar que o transporte aquático já teve um auge, particularmente nas últimas décadas, do ponto de vista comercial, razão pela qual as companhias se preocuparam em construir embarcações melhores e mais velozes.

Em virtude da relação que esse meio de transporte tem com a atividade turística, trataremos somente do transporte aquático, para fins de recreação de uso coletivo, e dos serviços de linhas regulares conforme os diferentes tipos de transportes que oferecem estes serviços.

1. *Ferry-boat*. Embarcações usadas para transportar passageiros e veículos. Contam com alojamento, serviço de alimentação para fins de lazer, podendo ser nacionais ou internacionais suas linhas de tráfego, as quais operam geralmente em combinação com o trem e o avião. Esse transporte turístico tem intenso tráfego nas seguintes áreas: as Ilhas Canárias, Ilhas Baleares, Canal da Mancha, onde centenas de indivíduos são transportados diariamente por companhias, tais como a Normandy Ferries que opera entre os portos de Dover ou Southampton, na Inglaterra, e Boulogne ou Le Havre, na França. Esse serviço é também muito comum no estreito de Gibraltar, onde opera diariamente entre as costas dos continentes, transportando passageiros entre o sul da Península Ibérica e as costas do norte da África. Como exemplo de companhias que proporcionam este serviço, está a Bland Line com serviços de *ferry* regular entre Gibraltar e Tânger.
2. *Car-ferry*. Embarcação projetada e construída para proporcionar um serviço a turistas que viajam em seu automóvel, em geral em todo o país.
3. *Hidrofoil e Hovercraft*. Ambas as embarcações são um exemplo dos avanços tecnológicos dentro da navegação, em linhas regulares de curto e médio alcance, as quais foram construídas como um importante meio de transporte para o turismo.
4. *Cruzeiros turísticos*. Esses cruzeiros como seu nome indica, são realizados para fins turísticos e em diferentes épocas do ano. Sua duração e extensão são variáveis.

Assim, esses percursos podem ser fluviais ou marítimos, que oferecem um complementar serviço de excursões opcionais em terra, os mesmos que operam, em geral, juntamente com outro tipo de transporte, que podem ser terrestres (em ônibus ou trem) ou aéreo. Esses serviços terrestres são contratados separadamente e estão sujeitos a um mínimo de integrantes para sua operação.

Os serviços de cruzeiros são com freqüência operados em combinação com pacotes que incluem todos os serviços, ou seja, o cruzeiro em si, transporte aéreo e terrestre, hotéis, alimentação e excursões.

Assim, todos os trâmites necessários para viajar em cruzeiro podem ser feitos via agência de viagens.

Cruzeiros fluviais. Efetuados em rios tocando pontos de interesse turístico que estão perto dos rios. Como exemplo desses cruzeiros estão aqueles que cruzam os rios Reno, Danúbio, Nilo, etc.

Cruzeiros marítimos. Efetuam percursos no mar e podem ser dentro de um mesmo país (Fig. 17.1).

Exemplo deste serviço é oferecido por:

- Epirotiki Lines. Importante companhia de navegação grega que se especializou em cruzeiros através das ilhas gregas, cuja duração pode variar entre um e sete dias, incluindo em seu percurso o Pireu (porto de Atenas), Creta, Santorini, Rodes, Éfeso e Mikonos.

Esses percursos podem ser também internacionais e como exemplo listamos, a seguir, algumas companhias que prestam os serviços mencionados.

- Princess Cruises. Importante companhia de navegação norte-americana que realiza cruzeiros de luxo de 7, 11 e 12 dias entre Los Angeles e Puerto Vallarta, Mazatlán, Acapulco, Zihuatanejo e Cabo San Lucas.
- Costa Line. Importante companhia de navegação italiana que conta com grandes embarcações, providas de excelentes instalações, tais como o S/S Federico C, o T/V Leonardo Da Vinci, o M/S Carla C, o M/S Angelina, etc.

Essa companhia oferece esses serviços de luxo no Caribe, que incluem em seus percursos: San Juan, Porto Rico, Caracas, Curaçao, Martinica, Barbados, etc.

Esses percursos têm duração que varia entre 3, 4, 7, 10 ou 11 dias.

As embarcações que prestam esses serviços podem ser de luxo ou econômicas. As embarcações de luxo são barcos de altura ou grandes transatlânticos construídos *ex profeso* para proporcionar transporte e alojamento ao turista, com ótimas instalaçoes que incluem elegantes camarotes, piscinas, restaurantes, bares, academias, clubes, cinemas, boates, etc. (Fig. 17.2).

As embarcações econômicas são aquelas construídas para transportar carga em geral, as que param em portos pequenos de algum roteiro determinado. No entanto, essas embarcações também contêm camarotes confortáveis e restauran-

Fig. 17.1. Cruzeiro marítimo em pleno percurso.

Fig. 17.2. Os cruzeiros dispõem de confortáveis instalações a bordo.

tes, que prestam serviços aos turistas que viajam em classe econômica durante suas férias (Fig. 17.3).

Serviço de charters. Como os aviões, as embarcações podem ser fretadas parcial ou totalmente, para uma ou várias viagens ou por tempo determinado. Esse serviço opera unicamente durante certas épocas do ano.

Manuais. A informação relativa aos serviços oferecidos pelas companhias de navegação está em folhetos publicados por essas companhias, os quais colocam à disposição do público em seus escritórios próprios, nos representantes ou em agências de viagens.

Esses serviços são também publicados no *Official Steamship Guide International*, publicação mensal realizada pela companhia Transportation Guides Inc., cujos escritórios centrais se encontram em Nova York, NY.

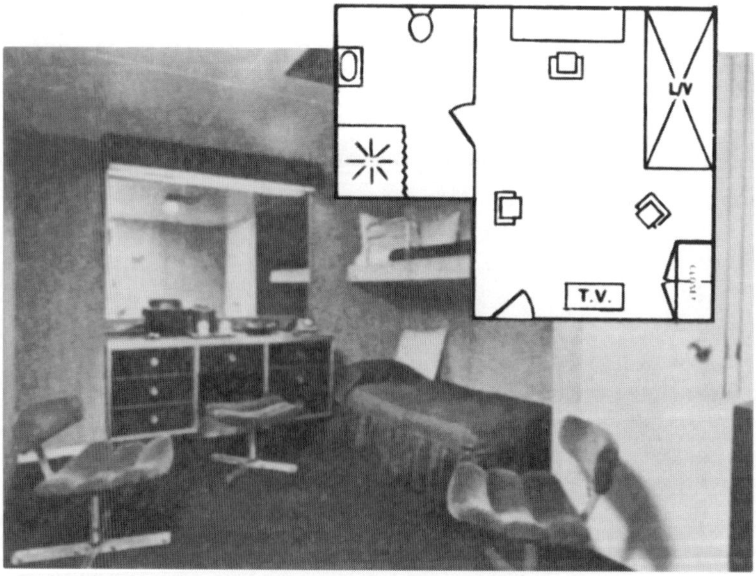

Fig. 17.3. Camarotes.

EXERCÍCIOS

I. Complete as frases com a palavra adequada

1. O transporte aquático classifica-se em marítimo, ____________ ou ____________.
2. O transporte marítimo por sua vez, se subclassifica em: de serviço regular, ____________, ____________ e embarcações esportivas e de recreação.
3. O *car-ferry* é uma embarcação projetada e construída para proporcionar serviços a ____________ que viajam com seu automóvel geralmente a outro ____________.
4. Os cruzeiros turísticos são realizados para fins turísticos e em diferentes épocas do ano, e a duração e a ____________ são ____________.
5. Os cruzeiros fluviais são aqueles realizados nos ____________, tocando pontos de interesse turístico que encontram perto dos ____________.
6. Os cruzeiros marítimos fazem percursos no ____________, podendo ser dentro de um mesmo ____________ ou internacionais.
7. Epirotiki Lines especializou-se em ____________ através das ilhas ____________.
8. Costa Line é uma importante companhia de navegação ____________, que se especializou em cruzeiros pelo ____________.
9. O serviço de charters refere-se às embarcações que podem ser ____________ parcial ou ____________.
10. As companhias de navegação oferecem seus serviços mediante ____________ que colocam à disposição do público em seus próprios escritórios, em representantes ou em ____________ de viagens.

II. Responda às seguintes perguntas

1. De que ponto de vista chegaram ao auge as companhias de navegação nas últimas décadas?

____

____.

2. Descreva em poucas palavras um *ferry-boat*.

____

____.

3. Descreva em poucas palavras um *car-ferry*.

____

____.

4. Descreva brevemente um cruzeiro marítimo.

____

____.

5. Descreva rapidamente um cruzeiro fluvial.

____

____.

6. Qual é a nacionalidade da companhia de navegação Epirotiki Lines?

____

____.

7. Em qual tipo de cruzeiros a companhia de navegação Epirotiki Lines se especializou?

____

____.

8. Que tipo de cruzeiros realiza a companhia Princess Cruises, que duração tem e que pontos toca?

____

____.

9. De que nacionalidade é a companhia de navegação Costa Line, que tipos de serviços oferece, quais são seus percursos e que duração tem?

____

____.

10. Que tipo de informações pode o agente de viagens encontrar no *Official Steamship Guide Internacional*?

____

____.

III. Coloque nos parênteses a letra correspondente à palavra que completa a frase adequadamente

1. O transporte aquático é de suma importância para a economia de um ( ).
2. O transporte aquático se realiza em embarcações que cruzam oceanos, mares, lagos e ( ).
3. A companhia Normandy Ferries opera entre os portos de Dover ou Southampton na Inglaterra e Boulogne ou el Havre na ( ).
4. A Bland Line tem serviço regular de ferry entre Gibraltar e ( ).
5. O Car-ferry transporta turistas que viajam a outro país com seu ( ).
6. O Hidrofoil é um exemplo dos avanços tecnológicos mais ( ).
7. Os cruzeiros turísticos são realizados para fins ( ).
8. Os cruzeiros podem ser fluviais ou ( ).
9. Princess Cruises é uma importante companhia de navegação de nacionalidade ( ).
10. As embarcações econômicas podem também prestar serviços a turistas que viajam a nível ( ).

A. Rios
B. Transporte
C. Automóvel
D. País
E. Norte-americana
F. Turísticos
G. Italiana
H. Bosques
I. Econômico
J. França
K. Marítimos
L. Recentes
M. Tanger

IV. Trabalho de pesquisa

O aluno visitará uma agência de viagem e conseguirá um folheto sobre um cruzeiro (pelo do Caribe ou Mediterrâneo), do qual obterá as seguintes informações:

1. Percurso.
2. Duração da viagem.
3. Descrição de 4 tipos de camarote.
4. Nome da companhia de navegação.
5. Nome da embarcação.
6. Data de saída do cruzeiro.
7. Custo por pessoa dos direitos de portos, serviços, cruzeiro ou viagem de ida e volta.
8. Descrição dos serviços adicionais que oferecem a bordo das embarcações.
9. Pesquisar se oferecem excursões em terra, para onde e o custo destas.
10. Qual é o peso máximo de bagagem por pessoa livre de qualquer encargo?

DIÁLOGOS

A. Duas amigas comentam sobre as experiências de uma delas em um cruzeiro grego pelo Mediterrâneo, depois de haver regressado da viagem.

Linda: Como foi o cruzeiro marítimo?

Sandra: Maravilhoso, me diverti muito.

Linda: Que lugares visitou?

Sandra: Visitei o Pireu, Creta, Santorini, Rodes, Éfeso, Istambul e Mikonos.

Linda: Qual o lugar que você gostou mais?

Sandra: Cada um tem seu encanto. O cruzeiro zarpou de Pireo, que é o maior porto da Grécia, mas claro, antes tive oportunidade de visitar Atenas, onde pude admirar a Acrópole, o Pártenon, o teatro ao ar livre e outros monumentos da antiga Grécia.

Linda: Como invejo você. O que você me diz sobre Istambul?

Sandra: Bom. Istambul é uma cidade exótica localizada em dois continentes, ou seja, Europa e Ásia, a mesma que está construída em ambos os lados de Bósforo. Ali visitamos a Mesquita Azul, a Mesquita de Santa Sofia e o museu Topkapi com sua fabulosa coleção de jóias.

Linda: Imagino que você não teve tempo para se aborrecer.

Sandra: Claro que não, porque inclusive a bordo do barco há muitas atividades que se pode realizar. Imagine piscinas, cinemas, bares, boates, inclusive recebi aulas de sirtaki.

Linda: O que é sirtaki?

Sandra: O sirtaki é uma dança folclórica nascida entre áridas e rochosas planícies gregas. Logo você terá oportunidade de escutar a música que se dança, porque comprei vários discos.

B. O senhor Larios está no escritório da Companhia Transmediterrânea S.A., em Madri, a fim de obter informações sobre o serviço de *ferry* entre Algeciras e Tânger.

Funcionário: Em que posso servi-lo?

Sr. Larios: Queria saber qual é o preço do serviço de *ferry* entre Algeciras e Tanger.

Funcionário: Em viagem simples ou de ida e volta?

Sr. Larios: Em viagem simples, por favor.

Funcionário: Deseja saber alguma coisa mais?

Sr. Larios: Sim. A que horas sai de Algeciras?

Funcionário: Sai às 11h30min.

Sr. Larios: E para regressar, a saída de Tânger é na mesma hora?

Funcionário: Não. Sai de Tânger às 13h30min.

Sr. Larios: Ótimo. Mais uma coisa, poderia me dizer se esse serviço opera todos os dias?

Funcionário: Menos aos domingos.

Sr. Larios: Muito grato pelas informações.

RESPOSTAS DOS EXERCÍCIOS

CAPÍTULO 1. TURISMO

I

1. Vital, temporário.
2. Turístico, causas.
3. Médio, ingresso.
4. Fontes, dependem.
5. Comum, variedade.
6. Condução, turismo.
7. México, tecnicamente.
8. Formar, turismo.
9. Impressão, hospitalidade.
10. Positiva, exterior.

II

1. Para Oscar de la Torre Padilla, "O turismo é um fenômeno social que consiste no deslocamento voluntário e temporário de indivíduos ou grupos de pessoas que, principalmente por motivos de lazer, descanso, cultura ou saúde, se trasladam de seu lugar de residência habitual a outro, onde não exerçam nenhuma atividade lucrativa remunerada, gerando múltiplas inter-relações de importância social, econômica e cultural".
2. Culturais, étnicas, esportivas.
3. Aumenta a entrada de divisas no país.
4. Agências de viagens, agências de carga, companhias transportadoras.
5. Mais pessoal bem preparado, com amplos conhecimentos sobre como conduzir e recepcionar o turista.
6. A empresa turística que gratuitamente atua como agente intermediário ativo entre os sujeitos do deslocamento turístico e seus prestadores de serviços específicos.

7. Transporte aéreo, transporte terrestre (automóvel, ônibus e trem) transporte náutico ou aquático.
8. Aeroméxico, Air India, Lufthansa.
9. Fluvial e marítima.
10. Automóvel, ônibus e trem.

III. Resposta livre

IV

1. Religiosas.
2. Econômicas.
3. Étnicas.
4. Físicas.
5. Culturais.
6. Esportivas.
7. Técnicas.
8. Sociológicas.
9. Técnicos.
10. Profissional.

Capítulo 2. Agências de Viagens

I. Resposta livre

II. Resposta livre

III

1. (E)
2. (K)
3. (H)
4. (A)
5. (L)
6. (M)
7. (J)
8. (B)
9. (G)
10. (C)

IV

1. (c)
2. (a)
3. (d)
4. (b)
5. (c)

Capítulo 3. Precursores da Aviação

I

1. Voar, humana
2. Projetou, voar.
3. Asas, sobrevoar.
4. Primeiro, pesado.

5. Forças, movimento.
6. Levantamento, resistência no avanço.
7. Paris, aviões
8. Escala, Paris.
9. Spirit of St. Louis, Roosevelt Field.
10. Le Bourget, Paris

II

1. Em seus próprios instrumentos e nos desenvolvimentos da navegação marítima.
2. Da bússola e as estrelas.
3. A existência de quantidade considerável de material de vôo que já não tinha utilidade prática.
   Um grande número de pilotos altamente treinados, que ficaram forçosamente parados.
   Também, o gosto pelo risco dos pilotos.
4. Pistas adequadas para aterrissagem e decolagem, lugares para operações, torres de controle, etc.
5. Instrumental Flight Rules, Regras de vôo por instrumento.
6. Visual Flight Rules, Regras de vôo visual.
7. Boeing, Douglas e Lockheed.
8. Tem capacidade de até 430 passageiros e velocidade de 1.000km/hora.
9. Hawker Siddeley, Snias, Dassault-Breguet, Ufw-Fokker.

III

1. (A)
2. (J)
3. (F)
4. (H)
5. (B)
6. (K)
7. (M)
8. (C)
9. (D)
10. (L)

IV

1. (d)
2. (a)
3. (b)
4. (b)
5. (d)

CAPÍTULO 4. AVIAÇÃO COMERCIAL

I

1. Público, serviços.
2. Economia, países.
3. Propeller, jato.
4. Passageiros, cargas.
5. Domésticos, país.
6. Internacionais, países.
7. Regularidade, destino.
8. Folhetos, oficiais.
9. Espaços, passageiros.
10. Cidade, considerável.

II

1. Porque empregam centenas de indivíduos para o manejo de passageiros e carga.
2. Emprega propeller, jato e recentemente o supersônico Concorde.
3. São os que se realizam dentro do continente e sem atravessar o oceano.
4. São os que se realizam atravessando o oceano.
5. São as que conectam populações pequenas com populações maiores.
6. São as que operam entre centros de população considerável.
7. Na primeira classe a disposição dos assentos é de dois a cada lado, enquanto na classe econômica é de três a cada lado. Na primeira, os alimentos são da mais alta qualidade que na econômica. Na primeira classe as bebidas estão incluídas no preço, e na econômica são cobradas adicionalmente.
8. As associações ou agrupamentos.
9. É o serviço contínuo que presta a companhia aérea especialmente nos vôos curtos.
10. Serviços de carga.

III

1. (F)
2. (A)
3. (I)
4. (G)
5. (H)
6. (M)
7. (K)
8. (B)
9. (C)
10. (J)

IV

1. (c)
2. (d)
3. (a)
4. (b)
5. (c)

CAPÍTULO 5. ORGANIZAÇÕES

I

1. Supra-estrutura, turista.
2. Pública, privada.
3. Regulam, incentivam.
4. Governamentais, não-governamentais.
5. Nacionais e governamentais.
6. Sectur, organização.
7. Fonatur, apoio.
8. Financiar, incentivar.

9. OMT, OCEA.
10. Organização Mundial do Turismo.

II

1. Em Continente europeu.
2. País: Estados Unidos, cidade: Chicago, celebrado de 1º de novembro a 7 de dezembro de 1944.
3. As funções da OACI são normatizar as práticas de segurança e as leis relativas ao transporte internacional.
4. A IATA foi constituída em 18 de dezembro de 1945.
5. As funções da IATA são assegurar que todos os seus membros mantenham o mesmo padrão de segurança, economia e serviço público.
6. A sede da IATA encontra-se em Montreal, Canadá.
7. Em Londres e Nova York.
8. Facilitar a liquidação de contas entre as companhias transportadoras.
9. Suas funções são assessorar, desenvolver e financiar planos e programas de incentivo ao turismo.
10. O objetivo fundamental da Organização consiste em promover o desenvolvimento do turismo, para coadjuvar o desenvolvimento econômico, a compreensão internacional, a paz, a prosperidade, o respeito universal e a observância dos direitos humanos, bem como as liberdades fundamentais para todos, sem distinção de raça, sexo, língua ou religião.

III

1. (E)
2. (H)
3. (F)
4. (I)
5. (J)
6. (K)
7. (A)
8. (B)
9. (C)
10. (D)

IV

1. (b)
2. (a)
3. (d)
4. (a)
5. (b)

Capítulo 6. Relações Públicas

I

1. Pessoal, prazeroso.
2. Organiza, coquetéis.
3. Conversa, companhias aéreas.
4. Contato, imprensa.

5. Publicam, notícias.
6. Rotas, vôo.
7. Agentes, companhias aéreas.
8. Personalidades, chegam.
9. Notifica, estações.
10. Importantes, tratamento.

II

1. Localiza-se no aeroporto.
2. É um lugar onde o passageiro pode descansar, uma vez que possui televisão, bebidas, etc.
3. Os funcionários de várias companhias aéreas que viajam a passeio.
4. O representante de relações públicas.
5. Sobre os serviços que presta a companhia aérea.
6. Agências de viagens, outras companhias aéreas, hotéis, companhias marítimas, etc.
7. Publicar por este meio, os coquetéis que organizam e as notícias importantes.
8. Do público que viaja.
9. As agências de viagem.
10. Projeção de filmes.

III

1. (C)
2. (E)
3. (H)
4. (M)
5. (K)
6. (G)
7. (I)
8. (F)
9. (B)
10. (A)

IV

1. (b)
2. (a)
3. (c)
4. (d)
5. (b)

CAPÍTULO 7. DEPARTAMENTO DE VENDAS

I

1. Pilares, companhia aérea.
2. Lugares, viaja.
3. Promover, realizar.
4. Vendas, viagens.
5. Assessoria, pessoal.
6. Lugar, empresas.
7. Homens, senhoras.
8. Superior, inglês.
9. Vendas, tráfego.
10. Variável, semanas.

II

1. a) Manuseio de diferentes manuais.

b) Familiarização com as chaves das companhias aéreas, cidades e aeroportos.
c) Elaboração de tarifas.

2. Propiciar a venda de lugares ou o transporte de carga.
3. Mediante o constante contato com as companhias em que se realizam as vendas.
4. Sobre tarifas, rotas e conexões da companhia em que se realizam as vendas.
5. Com o objetivo de fazer pesquisas e presentear o pessoal das companhias que realizam vendas e, em conseqüência, favorecem as companhias aéreas.
6. Nos escritórios de folhetos distribuídos em diferentes pontos da cidade.
7. Não tem de fazer promoções nem visitar outras empresas.
8. Documentar a carga, certificar-se de que a carga está empacotada de maneira adequada e colocada no lugar indicado pelo escritório de operações dentro do compartimento de carga do avião.
9. Companhias que gratuitamente atuam como intermediárias entre o consumidor e os prestadores de serviços, mediante a retribuição de comissão que é dada aos prestadores de serviços, sem afetar o preço destes.
10. A imprensa, o rádio e a televisão.

III

1. (I)
2. (H)
3. (M)
4. (C)
5. (L)
6. (D)
7. (G)
8. (K)
9. (F)
10. (E)

IV

1. (d)
2. (a)
3. (c)
4. (b)
5. (b)

CAPÍTULO 8. RESERVAS

I. Resposta livre

II

1. Reserva é o sistema mediante o qual uma companhia aérea controla a disponibilidade de lugares em seus vôos.
2. Em três, ou seja:
   a) Apresentando-se pessoalmente no escritório de reservas da companhia aérea.

b) Chamando ao escritório de reservas da companhia aérea por telefone.
c) Por meio de uma agência de viagens.

3. Realizar e controlar as reservas de assentos em vôos específicos para os futuros passageiros e em qualquer dos três casos mencionados.
4. Origem, destino, dia e mês, número do vôo e classe de serviço, número de lugares, nome dos passageiros e contato.
5. Passaporte vigente, certificado de reservista (no caso de homens nascidos a partir de 1924 e maiores de 18 anos, ou permissão do Exército, em caso de estar fazendo o serviço militar), certificado de vacina, vistos e formulários de imigração.
6. "OK".
7. "RQ".
8. "WL".
9. Teletipo.
10. Consiste em seguir certos procedimentos no sentido de incluir na mensagem determinada informação transmitida por meio de siglas convencionais.

III

1. (I)
2. (G)
3. (M)
4. (A)
5. (C)
6. (H)
7. (L)
8. (B)
9. (K)
10. (D)

IV

1. (a)
2. (d)
3. (b)
4. (b)
5. (d)

Capítulo 9. Escritório de Companhia Aérea no Aeroporto

I

1. Embarque, aeroporto.
2. Gerente, agentes.
3. Passageiros, bagagem.
4. Internacionais, completa.
5. Maior, militar.
6. Primeira, econômica.
7. Número, tíquete.
8. Capacitado, pequeno.
9. Passageiro, embarque.
10. Vôo, poltrona.

II

1. No aeroporto.
2. Do gerente de estação.
3. No guichê do escritório da estação.
4. a) Verifica o estado da estação no computador ou na lista.
   b) Certifica-se de que o passageiro tenha sua documentação em ordem.
   c) Pesa a bagagem.
5. (Passageiro mexicano que se dirige aos Estados Unidos.) Passaporte vigente, visto, formulário imigração mexicana "FME", e americana "I-94", certificado militar e certificado de vacinas.
6. Cobra a importância de 1% da tarifa em primeira classe por quilo de sobrepeso.
7. Um casaco, uma pasta (aos homens), ou uma bolsa de mão (às mulheres), bem como uma câmara.
8. Recebe os passageiros, acompanha-os e ajuda a passar pela imigração, alfândega e saúde. Atende queixas dos passageiros em caso de equipamentos extraviados ou danificados.
9. Teletipo.
10. Um momento de sua atenção, por favor, passageiros do vôo da Braniff, com destino a Santo Antonio, Dallas, Kansas City, Minneapolis e St. Paul, podem entrar no avião pelo portão H. Pedimos aos senhores que tenham à mão o tíquete de bordo. Agradecemos por terem voado pela Braniff e desejamos uma boa viagem. Obrigado.

III

1. (I)
2. (C)
3. (E)
4. (G)
5. (H)
6. (B)
7. D)
8. (J)
9. (L)
10. (K)

IV

1. (b)
2. (c)
3. (a)
4. (b)
5. (d)

Capítulo 10. Manuais

I

1. Mensais, vôos.
2. Publicações, viagens.
3. Rápida, vôos.
4. Ano, acomodação.

5. Planejar, mundo.
6. Cruzeiro, porto.
7. Vôo, complementar.
8. Tarifas, conexão.
9. Mensalmente, vôos.
10. Oficial, informação.

II

1. Obtém ampla informação, que contribui para atender às necessidades de viagem do passageiro.
2. Official Airline Guide.
3. Regulamentos imigratórios de todo mundo.
4. Vôos, tarifas aéreas, impostos de transporte aéreo, informações sobre hotéis e agências de viagens.
5. Estados Unidos, Canadá, México e todas as ilhas do Caribe.
6. Mensalmente.
7. Porque permite rápida consulta com respeito a mais de 19.000 vôos seletos que operam nos Estados Unidos.
8. Inclui fundamentalmente informação sobre vôos domésticos e internacionais de carga aérea.
9. Quatro exemplares por ano.
10. Pode planejar excursões a qualquer lugar do mundo.

III

1. (4)
2. (X)
3. (2)
4. (L)
5. (B)
6. (7)
7. (3)
8. (D)
9. (S)
10. (1)

IV

1. (GDL)
2. (CUU)
3. (DGO)
4. (GUA)
5. (IAH)
6. (Jalapa)
7. (Jerusalém)
8. (Paris)
9. (Nova York)
10. (Montreal)

Capítulo 11. Passagens

I. Resposta livre

II

1. Viagens Mexatlântica S.A.

2. Junho 10, 1984.
3. México.
4. México.
5. Lufthansa.
6. Tarifa de excursão 14/45 México-Munique com uma escala na ida em Frankfurt, para permanecer vários dias nesta cidade, outra escala ao regresso também em Frankfurt, mas somente para efeito de conexão.
7. LH-480.
8. 20kg.
9. Não está confirmada, está solicitada somente.
10. Viaja em classe econômica.

III

1. (B)
2. (G)
3. (N)
4. (H)
5. (D)
6. (F)
7. (I)
8. (M)
9. (L)
10. (K)

IV

1. (b)
2. (a)
3. (d)
4. (c)
5. (b)

Capítulo 12. Departamento de Carga

I

1. Carga, companhias aéreas.
2. Carga, passageiros.
3. Carga, complicado.
4. Avião, destino.
5. Governamentais, complicados.
6. Carga, viagens.
7. Empresas, estatais.
8. Embarques, reduzido.
9. Particulares, remetente.
10. Carga, telefone.

II

1. Guia aérea.
2. a) Elabora um número de guia a cada embarque.
   b) Faz os trâmites necessários para o embarque do cliente.
   c) Documenta a carga.
3. No compartimento de bagagens, tratando-se de vôos regulares ou no compartimento correspondente, si se trata de vôos especiais para carga.
4. Operam entre importantes pontos de intenso tráfego de carga.

5. Com base no peso do embarque, ou com base no peso mais o volume.
6. O sistema de cobrança ao entregar o embarque.
7. Por meio de agências de carga.
8. a) Ajuda aos remetentes no processo de documentação.
   b) Ajuda a retirar a carga de chegada.
9. Comprovar o custo e os trâmites necessários do embarque que tenham sido cobertos.
10. Custo do embarque, os cargos, o seguro, os vôos envolvidos no embarque, etc.

III

1. (D)
2. (E)
3. (M)
4. (J)
5. (B)
6. (I)
7. (L)
8. (F)
9. (A)
10. (G)

IV

1. (c)
2. (b)
3. (a)
4. (b)
5. (c)

Capítulo 13. Tripulação

I

1. Tripulação, aeronave.
2. Vôo, passageiro.
3. Piloto, engenheiro.
4. Tripulação, completa.
5. Co-piloto, comando.
6. Engenheiro, mecânico.
7. Tripulação, cabine.
8. Passageiros, microfone.
9. Supervisionar, serviço.
10. Seqüência, fases.

II

1. O piloto ou comandante, o co-piloto ou primeiro oficial e o engenheiro de vôo.
2. O comissário chefe, o chefe da cabine e os comissários.
3. Supervisionar as fases prévias, durante e posteriores ao vôo na cabine de passageiros, certificando-os de que os procedimentos corretos são realizados, também decide situações, tais como a hora de começar a servir os alimentos.
4. Aeromoças ou comissárias.

5. a) Verificar se o equipamento dos comissários, bem como o equipamento de emergência, encontram-se colocados em seus respectivos lugares e funcionando de maneira adequada.
   b) Fazem os preparativos para receber os passageiros conforme o estabelecido, vestindo uniforme completo.
6. a) Certificar-se de que todos os passageiros estejam com suas poltronas em posição vertical, apertaram o cinto de segurança e não fumem.
   b) Dá demonstração do equipamento de emergência.
7. a) Cuidam da comodidade dos passageiros, atendendo, com a maior brevidade possível, às chamadas que lhe fazem.
   b) Servem alimentos aos passageiros e bebidas nos carrinhos.
8. a) Proporcionam e ajudam ao passageiro a preencher os formulários de imigração e declaração da alfândega.
   b) Aplicam inseticida em aerossol em vôos internacionais.
9. a) Certificam-se de que todos os passageiros permaneçam em seus lugares até que o avião tenha parado completamente.
   b) Recomendam aos passageiros que ao desembarcar não se esqueçam de levar consigo seus pertences.
10. a) Informam aos passageiros quando podem desembarcar do avião.
    b) Despedem os passageiros de maneira amável e cordial.

III

1. (H)
2. (G)
3. (C)
4. (D)
5. (K)
6. (M)
7. (L)
8. (E)
9. (I)
10. (A)

IV

1. (d)
2. (b)
3. (a)
4. (c)
5. (d)

CAPÍTULO 14. COMISSÁRIOS

I

1. Passageiro, comissária.
2. Limita, homens.
3. Imagem, proporcionam.
4. Modistas, tripulação.
5. Aeromoças, trajes.
6. Requisitos, ficha.
7. Aceito, treinamento.
8. Desempenho, enriquecerá.
9. Modelos, consultas.
10. Uniformes, modelos.

II

1. Curto ou comprido. Se usar comprido, jamais usará sobre o rosto, sempre deverá estar limpo e nunca se pentear na presença dos passageiros. Podem tingir desde que com tinta discreta, podendo usar preso atrás, mas que se adapte ao chapéu.
2. De aparência natural, que reflita a moda atual, usando-se no mínimo o batom de cor discreta e sombra nos olhos.
3. Deverá refletir cuidado, devendo estar com as unhas feitas e com o comprimento de tamanho médio.
4. Saias "mini", "médias" e "longas", conjuntos de calça e paletó, túnicas, ponchos, trajes sociais, chapéus, bonés, sapatos, botas e abrigos.
5. Cidades que são servidas pela empresa, hotéis em que se hospeda a tripulação, fontes de riqueza de cada lugar, indústrias, lugares de interesse para visitar em cada cidade, sobre a aviação em geral, etc.
6. Temas como religião e política.
7. Na primeira classe os alimentos são muito bem elaborados e de alta qualidade, incluindo generosos vinhos e champanhes.
8. As bebidas são apresentadas da seguinte forma:
   a) Na primeira classe, o comissário faz a mistura antes de oferecer ao passageiro.
   b) Na classe econômica ou turística, ele dá a pequena garrafa ao passageiro junto com um copo, o gelo e a mistura.
9. a) Venda de artigos livres de impostos.
   b) Projeção de filmes.
   c) Aluga fones para escutar o som dos filmes ou para escutar os canais de música selecionados.
10. Orquídeas.

III

1. (C)
2. (E)
3. (D)
4. (H)
5. (I)
6. (J)
7. (M)
8. (B)
9. (G)
10. (L)

IV. Resposta livre

Capítulo 15. Avisos aos Passageiros

I. Resposta livre

II

1. Informação prática e interessante.

2. Consistem em dar boas-vindas aos passageiros, notificações sobre o serviço de alimentos e coquetéis, etc.
3. Em inglês e em outros idiomas que estão de acordo com o vôo.
4. No sistema inglês utilizando milhas, pés, etc.
5. No sistema métrico decimal, utilizando metros, quilômetros por hora, etc.
6. Por meio do interfone.
7. Quando ocorrer uma emergência ou o comandante ordenar.
8. A três centímetros.
9. Dando o aviso se pode saber se funciona ou não.
10. Deverá notificá-lo imediatamente.

III. Resposta livre

IV

1. Fase antes da aterrissagem.
2. Fase durante o embarque.
3. Fase anterior à aterrissagem.
4. Fase durante o vôo.
5. Fase posterior à aterrissagem.

Capítulo 16. Transporte Terrestre

I

1. Três, trem.
2. Serviço, motorista.
3. Motorista, esporádica.
4. Motorista, locomover.
5. Agências, destacando-se.
6. Companhia, viagens.
7. Cidade, outra.
8. Cliente, maior.
9. Companhias aéreas, planos.
10. Em dinheiro, aéreo.

II

1. Russell's Official National Motor Coach.
2. Os horários da maioria das linhas de ônibus que operam nos Estados Unidos, Canadá, México e América Central.
3. A Greyhound e companhias afiliadas.
4. A companhias independentes para efeito de conexão.
5. Ao sistema National Trailways companhias afiliadas.
6. Podem dispor de 16, 28, 44, 48 e 52 lugares e estão providas de radio, aquecimento e janelas panorâmicas.
7. Durante os meses de maior afluência turística.

8. a) Visita diurna e noturna da cidade.
   b) Excursão aos arredores.
   c) Excursão que envolve diversos pontos de atrativos turísticos, cuja duração é de um dia no mínimo.
9. Costumam ser usados para visita local, aos arredores, regional ou continental e somente são prestados com demanda.
10. Aos vôos charter.

III

1. (E)
2. (G)
3. (B)
4. (F)
5. (J)
6. (M)
7. (C)
8. (D)
9. (L)
10. (I)

IV

1. (b)
2. (c)
3. (b)
4. (d)
5. (c)

Capítulo 17. Transporte Aquático

I

1. Fluvial, lacustre.
2. Cruzeiros, balsas.
3. Turistas, país.
4. Extensão, variáveis.
5. Rios, ribeiros.
6. Mar, país.
7. Cruzeiros, gregas.
8. Italiana, Caribe.
9. Fretadas, totalmente.
10. Folhetos, agências.

II

1. Do ponto de vista comercial e turístico.
2. Embarcação que se usa para transportar passageiros e veículos e que possui alojamento, serviços de alimentação e para fins recreativos, cujas linhas de tráfego podem ser nacionais ou internacionais, que operam geralmente em combinação com a ferrovia ou avião.

3. Embarcação projetada e construída para proporcionar serviço a turistas que viajam com seu automóvel, em geral a outro país.
4. Os cruzeiros turísticos podem ser fluviais ou marítimos; são oferecidos como complementação de excursões opcionais em terra. Freqüentemente são operadas por pacotes que incluem outros serviços como transporte aéreo e terrestre, hotéis, alimentos e excursões.
5. São aqueles feitos nos rios, tocando pontos de interesse turístico que se encontram perto da região da ribeira.
6. Grega.
7. Em cruzeiros pelo Mediterrâneo.
8. Realiza cruzeiros turísticos, com duração de 7, 11 e 12 dias, tocando Los Angeles, Puerto Vallarta, Mazatlán, Acapulco, Zihuatanejo e Cabo São Lucas.
9. De nacionalidade italiana, proporciona serviços de cruzeiros de luxo em grandes e excelentes embarcações. Percorre cidades, como San Juan de Porto Rico, Caracas, Curaçao, Martinica, Barbados, etc. A duração destes percursos é de 3, 4, 7, 10 e 11 dias.
10. Lista de cruzeiros, itinerários, tarifas, informações para localizar qualquer cruzeiro ou navegação de porto a porto, índice alfabético das companhias de navegação, diretório destes, etc.

III

1. (D)
2. (A)
3. (J)
4. (M)
5. (C)
6. (L)
7. (F)
8. (K)
9. (E)
10. (I)

APÊNDICES E SUGESTÕES PARA OS PROFESSORES

Consideramos conveniente incluir este conjunto de sugestões para o professor, com o objetivo de contribuir para melhor elaboração da aula.

Cabe esclarecer que se o professor julgar conveniente, não tendo necessariamente, de seguir a seqüência dos capítulos tal como está, mas pode fazer referência, sendo necessário, a algum capítulo anterior ou posterior ao que esteja estudando.

Também, o tempo aproximado para o desenvolvimento do capítulo pode variar, dependendo da ênfase que dê ao tema e das atividades extraclasse que se organizem.

As sugestões aparecem na seguinte ordem:

I. Como preparar um plano de aula.
II. Elementos que constituem um plano de aula.
III. Sugestões ao professor, por capítulo, na seguinte ordem:
   1. Técnica de ensino-aprendizagem sugerida.
   2. Atividades sugeridas.
   3. Material didático.
   4. Tempo médio aproximado para desenvolver o capítulo.

I. Como Preparar um Plano de Aula

Os passos para preparar um plano de aula são os seguintes. O professor:

1. Lerá o capítulo rapidamente para ter uma idéia geral deste.
2. Extrairá os temas fundamentais a ensinar, com base nos objetivos propostos.
3. Observará:
   a. Como se apresentam os temas.
   b. Como são apresentados, quantos e que tipos de exercícios são oferecidos?
4. Decidirá se o conteúdo e os exercícios são suficientes ou se é necessário acrescentar algum material ou exercício adicional.
5. Estabelecerá a ordem em que os temas serão apresentados.
6. Determinará o tempo real que levará a apresentação.

II. Elementos que Constituem um Plano de Aula

Os elementos que constituem um plano de aula são os seguintes:

1. Rápida revisão da aula anterior. A tarefa será devolvida corrigida e realizarão exercícios escritos e orais, para fixar o tema e reforço (por meio de diálogos).
2. Apresentação do tema do capítulo utilizando a técnica e material didático adequados.
3. Atividades a realizar pelo grupo, durante e fora da classe:
   a. Perguntas e respostas dirigidas pelo professor na seguinte ordem:
      Professor ——————► Aluno
      Aluno ——————► Professor
      Aluno ——————► Aluno
   b. Realização de exercícios apresentados no texto (completar, resposta curta, relacionar colunas, múltipla escolha, etc.).
   c. Excursões ou visitas organizadas pelo professor a companhias turísticas.
   d. Dramatização de diálogos.
   e. Jogos, projeções (filmes e transparências).
   f. Práticas (manuais, boletos e formulários variados).
4. Tarefa:
   a. Oral e/ou escrita (memorização de diálogos, realização de exercícios).
   b. Redação criativa. (Redigir diálogos baseados em incidentes cotidianos no ambiente turístico.)
   c. Trabalhos de pesquisa em instituições relacionadas com a indústria turística (companhias aéreas, agências de viagens e carga, companhias de navegação, Secretaria de Turismo, etc.).

III. SUGESTÕES

Capítulo 1: Turismo

Antes do início do curso, o professor se apresentará aos integrantes do grupo e procurará criar uma atmosfera adequada, passando imagem de confiança e respeito, que redundará em maior rendimento do grupo.

Primeiramente, é recomendável fazer uma avaliação diagnóstica, ou uma conversa geral com o grupo, com relação ao meio turístico, permitindo ao aluno dialogar com o objetivo de obter um panorama dos conhecimentos prévios do grupo sobre o tema em questão.

1. *Técnica de ensino-aprendizagem sugerida*

Leitura comentada. Leitura do texto por parte do professor e/ou alunos, interrompendo-a com freqüência para fazer comentários e esclarecimentos. Participação simultânea do professor e dos alunos.

2. *Atividades*

a) Perguntas e respostas dirigidas pelo professor, após a apresentação do tema, para reforçar o aprendido.
b) Realização em classe de exercícios escritos.
c) Dramatização dos diálogos.
d) Passar uma tarefa que pode ser pesquisa individual ou em grupos dos dados contidos no exercício III.

3. *Material didático*

- Texto
- Papéis usados por agências de viagem (formulários de imigração, passaporte, vistos, declarações de alfândega, etc.).

4. *Tempo médio previsto para desenvolvimento do capítulo:* duas horas e trinta minutos.

Capítulo 2: Agências de viagens

1. *Técnica de ensino-aprendizagem sugerida*

Aula expositiva. Exposição oral do professor ou dos alunos. Pode conter as seguintes partes: apresentação do tema, desenvolvimento em partes lógicas, síntese e conclusão ou crítica.

2. *Atividades*

a) Breve revisão do tema anterior.

b) Apresentação em cartolina e/ou em folhas de papel do organograma de uma agência de viagens, a fim de que os alunos visualizem melhor a organização de uma agência de viagens e como funcionam os diferentes departamentos.
c) Se o tempo permitir e o professor titular considerar oportuno, poderá ampliar o tema descrevendo, profundamente, as atividades do pessoal desta, expondo tanto o material utilizado, como outros elementos como pacotes, passaportes, vistos, formulários de imigração, etc., com o objetivo de familiarizar aos alunos amplamente com estas informações.
d) O professor ensinará aos alunos, como calcular o custo de pacotes turísticos, desmembrando os diferentes serviços que podem ser proporcionados. Calcular o preço por pessoa em quarto duplo ou individual.
e) O aluno calculará excursões dividindo os gastos entre 15, 20, 25, 35 e 40 passageiros.
f) Projeção periódica de fitas sobre diversos percursos, por exemplo, pela Europa, Oriente Médio, Japão, Caribe, América do Sul, interior do México, etc. Esses filmes podem ser conseguidos por intermédio das companhias aéreas, agências de viagens, embaixadas ou da Secretaria de Turismo.
g) Projeção de slides.
h) Perguntas e respostas dirigidas pelo professor.
i) Memorização e dramatização dos diálogos, que podem ser representados caso a instituição tenha uma oficina de teatro.
j) Realização dos exercícios contidos no texto, em classe ou em casa como tarefa.
k) Visitas organizadas pelo professor às agências de viagens, com o objetivo de familiarizar o aluno com o funcionamento dos diferentes departamentos.

3. *Material didático*

- Texto
- Ilustrações em cartolina sobre:
  Organogramas.
  Manuais e/ou fotocópias de páginas destes.

4. *Tempo médio previsto para desenvolver o capítulo:* oito horas.

Capítulo 3: Precursores da aviação

1. *Técnica de ensino-aprendizagem sugerida*

Exposição em classe com perguntas. O professor dará uma prática sobre o tema e permitirá aos alunos a participação na atividade. Pode induzir por meio de perguntas relativas ao tema.

2. *Atividades*

a) Breve revisão da aula anterior.

b) Perguntas e respostas dirigidas pelo professor.
c) Realização em classe dos exercícios escritos.
d) Caso considere conveniente, o professor oferecerá bibliografia adicional para aprofundar o tema.
e) Propor a tarefa, que pode ser de memorização dos diálogos.

3. *Material didático*

- Texto
- Ilustrações em cartolina sobre a evolução dos artefatos para voar.

4. *Tempo médio previsto para desenvolver o capítulo:* uma hora.

Capítulo 4: Aviação comercial

1. *Técnica de ensino-aprendizagem sugerida*

Leitura comentada, e/ou estudo supervisionado dirigido. Esta última técnica consiste em que os alunos, orientados pelo professor, efetuem o estudo quase que de forma autônoma. Permite adquirir, fixar, integrar, ampliar, etc. o conhecimento.

2. *Atividades*

a) Breve revisão do tema anterior.
b) Realização parcial ou total em classe ou em casa dos exercícios contidos no texto.
c) Perguntas e respostas dirigidas pelo professor.
d) Projeçao ou transparências.
e) Projeção de filmes relativos ao tema, que podem ser obtidos de companhias aéreas.
f) Jogos dirigidos pelo professor, que quebram a monotonia da classe e propiciam competição. Por exemplo, formar duas equipes, e aquela que acertar o maior número de perguntas feitas pela equipe adversária ou o professor, ganhará o jogo.
g) Dramatização de diálogos.

3. *Material didático*

- Texto.
- Ilustrações em cartolina relativas ao tema.

4. *Tempo médio previsto para desenvolver o capítulo:* uma hora.

Capítulo 5: Organizações

1. *Técnica de ensino-aprendizagem sugerida*

Leitura comentada.

2. *Atividades*

a) Breve revisão do tema anterior.
b) Perguntas e respostas dirigidas pelo professor.
c) Realização de exercícios em classe.
d) Proposta de tarefa, que pode ser memorização dos diálogos e atribuição de personagens aos alunos.

Se o professor considerar oportuno e dispuser de material adicional poderá ampliar o tema.

3. *Material didático*

- Texto.

4. *Tempo médio previsto para desenvolver o capítulo:* uma hora.

Capítulo 6: Relações públicas

1. *Técnica de ensino-aprendizagem sugerida*

Leitura comentada.

2. *Atividades*

a) Revisão do tema anterior.
b) Perguntas e respostas dirigidas pelo professor com o objetivo de assegurar-se de que os alunos tenham compreendido o tema.
c) Realização de exercícios em aula.
d) Visita organizada pelo professor ao VIP de uma companhia aérea no aeroporto com o objetivo de familiarizar aos alunos com este serviço.
e) Tanto para este capítulo como para todos em geral, sugere-se ao professor a mudança oportuna de atividade com o objetivo de quebrar a rotina.
f) Se o tempo permitir e o professor julgar conveniente, poderá realizar um jogo da metade da classe até o final.
g) Dramatização de diálogos.
h) Dar uma tarefa.

3. *Material didático*

- Texto
- Bibliografia adicional, se o professor quiser aprofundar o tema.

4. *Tempo médio previsto para desenvolver o capítulo:* duas horas e trinta minutos.

Capítulo 7: Departamento de vendas

1. *Técnica de ensino-aprendizagem sugerida*

Leitura comentada.

2. *Atividades*

a) Revisão do tema anterior.
b) Apresentação de um organograma relativo à classificação dos representantes de vendas de uma companhia aérea, com base no lugar e tipo de empresas que visitam.
c) Realização dos exercícios contidos no capítulo, durante a aula ou em casa como tarefa.
d) Dramatização de diálogos.
e) Jogos didáticos que envolvam o tema do capítulo.
f) Se o professor desejar aprofundar o tema, poderá incluir uma conversa sobre estratégias de vendas.

3. *Material didático*

- Texto.
- Organogramas.
- Papéis de companhias aéreas (informativos das atividades diárias de vendedores, cartão de registro para agências de viagens, empresas comerciais, outras companhias aéreas, formulários para solicitação de crédito, etc.).

4. *Tempo previsto para desenvolver o capítulo:* duas horas e trinta minutos.

Capítulo 8: Reservas

1. *Técnica de ensino-aprendizagem sugerida*

Aula expositiva.

2. *Atividades*

a) Breve revisão da aula anterior.
b) Familiarização com as siglas das companhias aéreas.
c) Cidades, aeroportos, sistemas AIRIMP (Reservations Interline Message Procedure Passenger).
d) Realização dos exercícios escritos contidos no capítulo, em classe ou em casa como tarefa, mas dando ênfase na maneira correta de preencher o cartão de reserva.
e) Dramatização de diálogos.
f) Mesmo que o capítulo relativo a *OAG* seja posterior, poderá fazer referência a ele ou inclusive apresentá-lo antes, se o professor julgar oportuno.
g) Perguntas e respostas dirigidas pelo professor para fixar o tema.

3. *Material didático*

- Texto.
- Formulários de imigração e de reservas.
- *Flip chart.*

4. *Tempo aproximado previsto para desenvolver o capítulo:* duas horas.

Capítulo 9: Escritório de companhia aérea no aeroporto

1. *Técnica de ensino-aprendizagem sugerida*

   Leitura comentada.

2. *Atividades*

   a) Revisão rápida do tema anterior.
   b) Visita a um escritório no aeroporto, organizada pelo professor.
   c) Dramatização de diálogos.
   d) Jogo didático para quebrar a monotonia.
   e) Propor uma tarefa.

3. *Material didático*

   - Texto.
   - Papéis de companhias aéreas (tíquetes de bagagem, formulário de cargas, formulários para reclamação de bagagem extraviada, etc.).

4. *Tempo médio previsto para desenvolvimento do capítulo:* três horas.

Capítulo 10: Manuais

1. *Técnica de ensino-aprendizagem sugerida*

   Leitura comentada.

2. *Atividades*

   a) Revisão rápida do tema anterior.
   b) Práticas contínuas no *OAG*.
   c) Consultas e exposição de outros manuais.
   d) Realização dos exercícios do capítulo, em classe ou em casa.
   e) Perguntas e respostas dirigidas pelo professor para fixar o tema.
   f) Dramatização de diálogos.
   g) O professor fará referência ao diálogo A do capítulo 7, relativo ao departamento de vendas, relacionado com o tema.
   h) Propor uma tarefa.

3. *Material didático*

   - Texto.
   - *OAG*.
   - Vários manuais.

- Fotocópia de alguma página do *OAG* a que queira dar ênfase. (O objetivo de proporcionar ao aluno uma fotocópia deste material é uniformizar a informação, uma vez que cada publicação desta informação tende a variar.)

4. *Tempo médio previsto para desenvolver o capítulo:* três horas.

Capítulo 11: Passagens

1. *Técnica de ensino-aprendizagem sugerida*

   Leitura comentada e dinâmica de grupo.

2. *Atividades*

   a) Rápida revisão do tema anterior.
   b) Perguntas e respostas dirigidas pelo professor.
   c) O professor comentará as tarifas vigentes.
   d) Os alunos preencherão bilhetes aplicando as tarifas continuamente para praticar.
   e) Dramatização de diálogos.
   f) Realização em classe de exercícios do capítulo.
   g) Tarefa.

3. *Material didático*

   - Texto.
   - Fotocópias de bilhetes para prática dos alunos.
   - Cartolinas com modelos de bilhetes e MCO.

4. *Tempo médio previsto para desenvolver o capítulo:* três horas.

Capítulo 12: Departamento de carga

1. *Técnica de ensino-aprendizagem sugerida*

   Leitura comentada.

2. *Atividades*

   a) Revisão do tema anterior.
   b) Perguntas feitas pelo professor.
   c) Dramatização de diálogos.
   d) Visita organizada pelo professor a uma agência de carga, a um escritório de alfândega no aeroporto e ao departamento de carga da companhia aérea.
   e) Realização em classe dos exercícios do capítulo.
   f) Tarefa.

3. *Material didático*
   - Texto.
   - Manual de tarifas de carga.
   - Revista *Guia Aérea*.
   - *Air Cargo Guide*.

4. *Tempo médio previsto para desenvolver o capítulo:* quatro horas.

Capítulo 13: Tripulação

1. *Técnica de ensino-aprendizagem sugerida*

   Leitura comentada.

2. *Atividades*
   a) Revisão rápida do tema anterior.
   b) Perguntas elaboradas pelo professor.
   c) Realização em classe dos exercícios do capítulo.
   d) Dramatização de diálogos.
   e) Tarefa.

3. *Material didático*
   - Texto
   - Fotografias e ilustrações.
   - *Flip chart*.

4. *Tempo médio aproximado para desenvolver o capítulo:* trinta minutos.

Capítulo 14: Comissários

1. *Técnica de ensino-aprendizagem sugerida*

   Leitura comentada.

2. *Atividades*
   a) Revisão do tema anterior.
   b) Perguntas elaboradas pelo professor.
   c) Realização em classe dos exercícios do capítulo.
   d) Dramatização de diálogos.
   e) Visita organizada pelo professor para conhecer o interior de um avião.
   f) Se o tempo permitir e o professor considerar oportuno, ampliar algum tema deste capítulo, como personalidade, sistema de alimentos e bebidas a bordo, uniformes, etc.

g) Projeção de filmes ou transparências.
h) Passar uma tarefa.

3. *Material didático*

- Texto.
- Cartazes de cartolina, ilustrações.
- *Flip chart.*
- Transparências.
- Filmes.

4. *Tempo aproximado previsto para desenvolver o capítulo:* quatro horas.

Capítulo 15: Avisos aos passageiros

1. Técnica de ensino-aprendizagem sugerida

Apresentação rápida do tema pelo professor, seguida de perguntas, comentários e recomendações.

2. *Atividades*

a) Revisão da aula anterior.
b) Perguntas feitas pelo professor.
c) Realizar em classe os exercícios do capítulo.
d) Memorização dos avisos.
e) Caso considere oportuno, o professor poderá consultar a versão dos avisos em inglês.
f) Dramatizações dos anúncios.
g) Realização de jogos didáticos.
h) Uma tarefa.

3. *Material didático*

- Texto.
- Manual dos comissários.

4. *Tempo médio aproximado para desenvolver o capítulo:* duas horas.

Capítulo 16: Transporte terrestre

1. *Técnica de ensino-aprendizagem sugerida*

Leitura comentada.

2. *Atividades*

a) Rápida revisão da aula anterior.
b) Perguntas realizadas pelo professor.
c) Realização em classe dos exercícios propostos no livro.
d) Dramatização de diálogos.
e) Manuseio contínuo do *Official National Motor Coach Guide.*
f) Visitas organizadas pelo professor a escritórios de ônibus, empresas que alugam carros e estação de trem.
g) Tarefa.

3. *Material didático*

- Texto
- *Official National Motor Coach Guide.*
- Vários folhetos.

4. *Tempo médio aproximado para desenvolver o capítulo:* quatro horas.

Capítulo 17: Transporte aquático

1. *Técnica de ensino-aprendizagem sugerida*

Leitura comentada.

2. *Atividades*

a) Breve revisão do tema anterior.
b) Perguntas feitas pelo professor.
c) Realização em classe ou em casa dos exercícios contidos no capítulo.
d) Jogo didático.
e) Dramatização de diálogos.
f) Visita organizada pelo professor a uma companhia de navegação.
g) Projeção de filmes ou transparências.

3. *Material didático*

- Texto.
- *Official Steamship International Guide.*
- Filmes.
- Transparências.
- Folhetos variados.

4. *Tempo médio aproximado para desenvolver o capítulo:* quatro horas.

ÍNDICE REMISSIVO

R

T

V

Impressão e Acabamento
Oesp Gráfica S.A. (Com Filmes Fornecidos Pelo Editor)
Depto. Comercial: Alameda Araguaia, 1.901 - Tamboré - Barueri - SP
Tel. 4195 - 1805 Fax: 4195 - 1384